BIBLIOTHÈQUE SCIENTIFIQUE-INDUSTRIELLE ET AGRICOLE
Des Arts et Métiers, XXIV

BLANCHIMENT

BLANCHISSAGE

ET

APPRÊT DES TISSUS

PAR

M. Dr KÆPPELIN
chimiste

Un volume gr. in-8, 77 pages caractères compactes, 28 figures dans le texte et 7 planches in-f°.

10 francs

PARIS
LIBRAIRIE SCIENTIFIQUE, INDUSTRIELLE ET AGRICOLE
Eugène LACROIX, Imprimeur-Éditeur
Libraire de la Société des Ingénieurs civils de France, de celle des anciens Élèves des Écoles d'Arts et Métiers, de la Société des Conducteurs des Ponts et Chaussées de MM. les Mécaniciens de la Marine
Fournisseur des Écoles professionnelles, etc., etc.
54, rue des Saints-Pères, 54

BLANCHIMENT, BLANCHISSAGE, APPRÊT

BLANCHIMENT DES TISSUS

PAR Dr KAEPPELIN, CHIMISTE,
Membre correspondant de la Société industrielle de Mulhouse.

(Planches 130, 202, 203.)

Dans ma précédente Étude sur les impressions et la teinture des tissus (fascicules 1, 5, 7, 8), j'ai dit, en parlant des procédés nouveaux de MM. Tessié du Mothay et Maréchal, que l'expérience pouvait seule nous permettre de juger leur valeur industrielle. Ces procédés étant employés dans certaines usines du Nord pour le blanchiment du lin, j'ai dû les signaler aux lecteurs de nos Études, sans toutefois affirmer la supériorité que les inventeurs leur attribuent, même pour le blanchiment du coton. Je l'ai fait impartialement, tout en n'en dissimulant pas les inconvénients, que la pratique permettra peut-être de surmonter. En attendant ce grand résultat, il était de mon devoir d'explorateur dans ce monde de recherches et d'inventions qui s'est découvert aux yeux de tous dans les vastes galeries de l'Exposition, de faire remarquer l'emploi nouveau qu'a fait M. Tessié du Mothay d'une source d'oxygène abondante qui pourrait être avantageuse à l'industrie. Je ne dissimulerai pas les inconvénients graves à mes yeux qui me semblent attachés à sa méthode de blanchiment, la difficulté de redissoudre l'oxyde de manganèse fixé sur les tissus de coton, le danger attaché à l'emploi d'acides énergiques, et surtout l'incertitude dans la marche des opérations; mais, toutes ces réserves faites, je placerai son invention au rang des plus importantes, si la grande expérience qu'il doit tenter dans nos premiers établissements de l'Alsace réussit aussi complétement qu'il en a la certitude.

Je signalerai dans les *Annales du Génie civil* les résultats qui auront été obtenus, et je ferai moi-même, à l'occasion, les expériences nécessaires pour m'assurer de la vérité et de l'étendue des avantages qui nous sont promis.

Revenons maintenant aux procédés connus, aux améliorations qui y ont été introduites depuis quelques années, et qui sont le résultat d'une application mieux raisonnée des méthodes découvertes par la science et expérimentées par l'industrie.

Tissus de coton.

Le blanchiment des tissus de coton se divise en plusieurs opérations qui se succèdent dans un ordre parfait, et que l'on ne peut intervertir sans nuire au résultat que l'on se propose d'atteindre.

Depuis l'époque à laquelle Berthollet, notre illustre chimiste, enrichit l'industrie de l'application du chlore au blanchiment des tissus de coton et de lin, on a toujours employé les mêmes agents chimiques pour produire cette décoloration, et la chaux, la potasse ou la soude, les acides muriatique et sulfurique, et les chlorures de chaux ou de soude servent encore aujourd'hui aux différentes opérations industrielles qui constituent le travail du blanchiment. En y ajoutant le savon résineux, qui a toujours été employé dans les ménages de nos provinces de l'Est, j'aurai nommé le seul agent nouveau que l'industrie ait adopté depuis une vingtaine d'années, et dont elle ait constaté l'efficacité.

En quoi consistent donc, me dira-t-on, les améliorations incontestables introduites dans cette branche de l'industrie ? La réponse sera facile à faire, car il me suffira de signaler au lecteur : la rapidité actuelle des opérations, qui sont d'une durée vingt fois moins considérable que dans le principe ; le système du blanchiment continu que M. J. Fries introduisit en France, et qui a remplacé la main de l'homme par le travail de la machine ; l'emploi mieux raisonné de la chaux, dû aux belles recherches de M. Schwartz, de Mulhouse, et de M. Dona, de Boston ; celui plus récent du savon résineux dans le blanchiment des toiles destinées à être imprimées et garancées ; le perfectionnement apporté à la construction des appareils de cuisson, de lavage, qui permet de diminuer la durée et le nombre des opérations, tout en obtenant de meilleurs résultats. Cet ensemble de perfectionnements et d'améliorations successivement introduits dans les procédés chimiques et mécaniques du blanchiment, constitue le progrès rapide de cette industrie, progrès qui, évalué en chiffres, nous permet de constater que le blanchiment de 100 mètres de tissus revient aujourd'hui de 1 franc à 1 fr. 50 c. au lieu de 6 francs et de 10 francs qu'il coûtait il y a trente ans à peine.

Les différentes opérations qui constituent le blanchiment sont le grillage ou flambage, qui remplace le tondage ; le dégraissage ou lessivage, et la décoloration proprement dite.

Grillage. Dans une précédente Étude (fascicules 6, 7, 8), j'ai déjà décrit cette importante opération, et j'ai signalé au lecteur, en le décrivant avec soin, l'appareil de flambage au gaz de M. Tulpin, de Rouen, que l'on peut considérer comme le résumé de tous les perfectionnements apportés dans ces derniers temps à la construction de ce genre d'appareils.

Le grillage a pour but la destruction la plus complète possible du duvet et des nœuds qui existent à la surface des tissus, et qui, en se relevant pendant les opérations du blanchiment et de la teinture, nuiraient à l'aspect général de la marchandise et terniraient les couleurs d'impression.

On est quelquefois forcé de faire passer les pièces par la *tondeuse*, après le blanchiment et la teinture, pour enlever les parties du duvet que le grillage n'aurait pas entièrement détruites.

Dégraissage. La décomposition des corps gras qui sont fixés dans les tissus, soit à l'état naturel, soit pendant le travail du tissage, a été l'objet des constantes recherches des chimistes et des industriels de tous pays. Il semblerait, au premier abord, que cette saponification dût être chose facile, et cependant il a fallu une longue expérience, des observations minutieuses, des recherches savantes, pour atteindre le résultat auquel on est parvenu aujourd'hui.

La chaux est le premier agent de saponification qui a dû attirer l'attention du fabricant, car il réunit la qualité essentielle du bon marché à des propriétés saponifiantes énergiques. Aussi préconisa-t-on, dans le principe, son emploi ; mais les accidents nombreux qui en résultèrent, les pertes considérables que subirent les fabricants, par suite de son action corrosive sur les tissus, le firent rejeter par l'industrie d'autant plus rigoureusement, qu'elle l'avait d'abord accueilli avec plus de faveur.

Il était réservé à un fabricant américain, M. Dona, et à un industriel français bien connu par ses recherches, M. Schwartz, de reconnaître ce qu'il y avait d'exagéré dans cette exclusion complète de l'emploi de la chaux. Ce dernier fit des expériences concluantes, qui prouvèrent que l'action corrosive de la chaux ne peut s'exercer sur les tissus qu'avec le concours de l'air, et que, par conséquent, une immersion complète des tissus dans l'eau de chaux pendant la durée du bouillissage dans les cuves à lessiver suffisait pour les empêcher d'être ce qu'on appelle *brûlés*. Depuis lors, la chaux reconquit la faveur qu'un emploi inconsidéré lui avait fait perdre auprès des industriels, et aujourd'hui encore, c'est de cet agent énergique que l'on se sert pour opérer la formation d'un savon calcaire avec les matières grasses du tissu. Mais ce savon est peu soluble ; il faut donc isoler de nouveau les acides gras qui le composent, pour en opérer plus tard la saponification et les rendre solubles. On passe les pièces, à cet effet, dans un bain acide qui décompose le savon calcaire, s'empare de la chaux et abandonne au tissu les acides gras rendus libres. On se sert d'un acide qui puisse former avec la chaux un sel soluble, et l'acide muriatique est généralement employé après le lessivage en eau de chaux.

La saponification des acides gras ainsi isolés sur le tissu se fait alors avec les carbonates de potasse ou de soude, unis à des savons résineux, de la même manière que pour la saponification à l'eau de chaux.

Il faut aussi avoir le soin de faire bien immerger le tissu dans le bain alcalin pendant la durée du bouillissage; car, si l'on négligeait cette mesure, si le tissu émergeait du bain alcalin pendant l'opération et si l'air était en contact avec la partie émergée, celle-ci subirait une décomposition partielle et se colorerait en brun d'une façon indélébile.

La saponification des matières grasses a été accélérée, dans ces derniers temps, au moyen du bouillissage à haute pression, adopté il y a quelques années par les Américains Wright et Freeman, et, depuis lors, par plusieurs fabricants anglais, français et allemands.

L'exposition nous a montré un appareil de lessivage à haute pression, de M. Huguenin-Ducommun, de Mulhouse, dont je donnerai le dessin, quand j'arriverai à la description pratique du travail dont je ne fais que l'exposé en ce moment. C'est le seul que j'aie aperçu dans les galeries de l'Exposition.

Il est évident que l'expérience ayant prouvé que la saponification des corps gras par les alcalis se faisait non-seulement plus rapidement dans des vases clos et à haute pression, mais encore nécessitait une quantité d'alcali moindre, et que, quand on élevait la pression à 15 atmosphères, elle avait même lieu sans le secours d'aucun alcali, il devait y avoir économie à appliquer ce système à l'industrie du blanchiment. Cependant il n'est pas encore adopté d'une manière générale, et, comme dans toutes les innovations, il faut le temps nécessaire pour en reconnaître les avantages et en atténuer les inconvénients. Plusieurs grandes maisons en France, en Angleterre et surtout en Amérique, ont entièrement rejeté le lessivage à basse pression, et, parmi nos fabricants les plus habiles, je citerai MM. Dollfus, Mieg et Cie, qui emploient toutes leurs cuves à lessiver à haute pression. Ces appareils sortent des ateliers de M. Tulpin, et je dois à l'obligeance de cet habile mécanicien la communication des dessins qui accompagnent la description que je donnerai de ces appareils.

Après le lessivage alcalin, on procède au lavage mécanique des pièces, puis à leur décoloration proprement dite.

Lavage et foulage. Ces opérations mécaniques se font au moyen de divers appareils, qui varient dans chaque établissement, pour ainsi dire. Les plus communément employés dans le lavage des tissus de laine et de coton sont construits d'après le même principe : la pression que subit une étoffe mouillée que l'on fait passer entre deux cylindres et qui en fait jaillir l'eau, corps éminemment peu compressible. Cette eau, en se séparant violemment des fibres du tissu, entraîne avec elle toutes les matières étrangères dont on veut le débarrasser. La disposition de ce genre de machines est généralement la suivante :

A A', B B', sont deux rouleaux en bois de 30 centimètres de diamètre et de 1 mètre et demi de longueur (fig. 1) tournant en sens inverse sur leurs axes, placées dans les rainures pratiquées dans l'épaisseur du support ou bâti D'D', D''D'''.

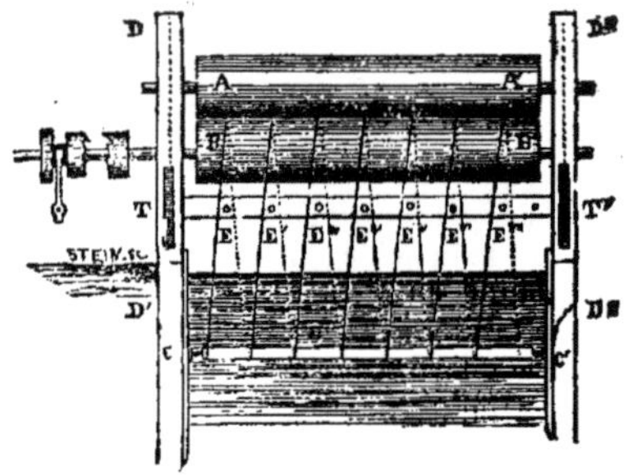

Fig. 1.

CC' est un rouleau d'appel placé à quelques centimètres du fond du réservoir d'eau de lavage, et qui sert à tendre les pièces qu'on lave et à les maintenir sous l'eau pendant le travail.

TT' est une traverse en bois placée au-dessous du cylindre inférieur, et sur laquelle on implante horizontalement des chevilles EE' E''E''', etc., qui sont plus ou moins espacées, selon le nombre de tours que l'on veut faire faire aux pièces dans leur mouvement en spirale entre les cylindres laveurs.

Pour se servir de l'appareil, on soulève le cylindre supérieur, on fait passer une corde mince sous le rouleau de tension, puis on la relève en E, on la glisse entre les deux cylindres pour la faire retomber de l'autre côté et la faire repasser sous le rouleau de tension, et ainsi de suite, jusqu'à ce qu'on arrive à l'extrémité opposée de l'appareil. Cette ficelle est attachée au bout d'une des pièces que l'on veut laver et fouler, et comme toutes celles-ci sont liées bout à bout, les unes à la suite des autres, il est évident qu'elle les entraînera dans son mouvement. On abaisse alors le cylindre supérieur en le laissant retomber sur le cylindre inférieur, on communique à ce dernier le mouvement au moyen du moteur de l'établissement, et les pièces entrent en C, — remontent en E entre les chevilles EE', passent entre les cylindres fouleurs, retournent sous le rouleau de tension pour ressortir en T'', où l'on peut, si cela est nécessaire, les diriger dans un second appareil de lavage semblable à celui-ci.

Il ne faut pas que la vitesse imprimée à l'appareil soit trop grande, et, pour opérer un bon nettoyage, il faut qu'avec des cylindres de 2 mètres de longueur on puisse débiter 4 à 5,000 mètres par heure.

Ces appareils prennent, selon les différentes dispositions qu'on leur donne, les noms de *clapeaux, sauteurs, rouennaises* et *rivière anglaise*.

Il est nécessaire que l'eau du réservoir dans lequel on lave les pièces se renouvelle rapidement, à mesure qu'elle se charge des impuretés qu'elle enlève au tissu ; quand on peut se servir d'une eau courante, il est facile de disposer l'appareil de manière à y faire plonger les pièces ; mais quand on n'a pas cet avantage, il faut employer de puissants moyens d'alimentation d'eau, car c'est de son abondance que dépend le bon nettoyage des pièces.

Quand on a des tissus légers à laver, tels que la mousseline, les jaconas, on peut se servir des mêmes appareils, en diminuant toutefois la vitesse de rotation des cylindres, de peur de déchirer le tissu. On peut aussi, dans le même but, diminuer la longueur des cylindres fouleurs et, par suite, la tension de l'étoffe.

On se sert encore fréquemment, pour le foulage des tissus légers, du dashwheel ou roue anglaise, qui est d'une grande utilité dans les blanchisseries de linge. J'en donnerai la description quand je parlerai du blanchissage.

Le plus ingénieux système de lavage des écheveaux est celui que j'ai décrit dans le 6e fascicule de nos Études sur l'Exposition, et c'est le seul que j'aie remarqué dans la classe 59.

Après le lavage et le nettoyage des étoffes, il faut les débarrasser de l'eau dont elles sont imprégnées et les sécher rapidement. — Depuis le temps où le tordage se faisait à la cheville et le séchage à l'air, l'industrie a fait des prodiges, et on est arrivé à sécher en quelques instants les tissus qui sortent des appareils de lavage.

Parmi les machines employées à cet effet, l'hydro-extracteur occupe la première place, et j'en donnerai la description à l'article du blanchissage.

Quand on a des tissus très-épais, tels que le drap, qui pourraient prendre des plis presque ineffaçables dans les hydro-extracteurs ordinaires, il est nécessaire de se servir d'appareils différents. Celui qui a été exposé par M. Tulpin, de Rouen, et auquel il a donné le nom de *machine à essorer au large*, a fixé l'attention de tout industriel qui se préoccupe des inconvénients et des difficultés de cette partie du travail industriel. J'en ai donné la description à la page 92 du 6e fascicule et à la planche V des Études. Après l'essorage, on active la dessiccation des étoffes, soit en les exposant dans des endroits chauffés et très-ventilés, soit en les faisant passer sur des tambours métalliques chauffés à la vapeur, dans le genre de celui que j'ai décrit dans ma précédente Étude (6e fascicule).

Décoloration. C'était primitivement au moyen de l'oxygène de l'air qu'on opérait le blanchiment proprement dit. C'était par l'exposition des pièces humides sur les prés qu'on les mettait en contact avec l'air, tout en les exposant à l'action de la lumière. La décoloration se faisait avec une lenteur extrême, et il fallait des semaines, des mois entiers pour obtenir quelques résultats; aussi la découverte du chlore et son application, par Berthollet, au blanchiment des tissus furent-elles l'origine d'une phase nouvelle dans cette industrie.

L'action du chlore, quelque prompte qu'elle soit, est loin d'être directe, comme on pourrait le croire; ce gaz, en effet, n'est pas décolorant par lui-même, et tant qu'il reste à l'état gazeux et sec, il est sans action sur les matières colorantes les plus fugaces; mais vient-il à se trouver en leur présence en même temps que de l'eau ou de la vapeur d'eau, la décoloration a lieu immédiatement. Il y a décomposition de l'eau, dégagement d'oxygène à l'état naissant, (on l'appelait *ozone* au moment où les esprits s'étaient engoués de la découverte de l'oxygène dans un nouvel état moléculaire). Cet oxygène est doué d'une grande puissance décolorante. M. Persoz, notre savant professeur du Conservatoire des Arts et Métiers, a fait une expérience concluante à ce sujet. Il plonge dans un flacon de chlore sec un échantillon de tissu de coton teint en rose de Safflor, qui, comme on le sait, est une couleur très fugace. Cet échantillon est préalablement aspergé avec un peu d'eau, et partout où les gouttes d'eau ont humecté l'étoffe, la couleur est détruite, tandis que les parties sèches du tissu conservent leur couleur primitive.

Il faut donc employer le chlore à l'état de dissolution dans l'eau, ou plutôt, comme on le fait généralement, à l'état de composé calcaire ou alcalin. C'est l'hypochlorite ou chlorure de chaux dont on se sert généralement pour blanchir les tissus de coton et de lin. Les chlorures de magnésie ou d'oxyde de zinc sont employés pour blanchir le chinagrass. Les tissus restent plongés dans la dissolution chlorurée pendant un espace de temps qui varie de 6 à 8 heures, selon la force de l'étoffe et le degré chlorométrique de la solution. Si l'on fait suivre le chlorurage d'un passage immédiat dans un bain d'eau acidulée avec de l'acide sulfurique, sans faire subir aux pièces un lavage intermédiaire, on ne fait que passer les pièces, pendant quelques minutes, dans le bain de chlorure, au moyen du clapeau, puis de là dans le bain acide, puis enfin dans la machine à laver. Ce mode de traitement est plus énergique et plus expéditif que le premier. L'acide décompose le chlorure dont l'étoffe est imprégnée, s'empare de la chaux, produit un dégagement abondant de chlore, qui, en présence de l'eau et de la matière colorante du tissu, produit les phénomènes du blanchiment que j'ai déjà expliqués.

Dans le premier cas, les pièces sont lavées au sortir du bain d'hypochlorite, puis plongées dans un bain d'eau acidulée avec de l'acide sulfurique, pendant une demi-heure. Au sortir du bain acide, les pièces sont lavées au clapeau et bien nettoyées. Ce dernier lavage termine cette série d'opérations après lesquelles le tissu doit être parfaitement blanchi; cependant on donne quelquefois, quand l'étoffe est épaisse, une seconde lessive alcaline suivie d'un deuxième chlorurage et d'un deuxième passage en acide. On peut, quand il s'agit de pièces destinées à être garancées, suivre indifféremment l'une ou l'autre de ces marches et faire suivre immédiatement le chlorurage du passage en acide; mais quand on opère sur des pièces destinées à la vente en blanc, et dont les chefs sont brodés avec des fils colorés en bleu ou en rouge, il est indispensable de faire suivre le chlorurage d'un lavage et d'un nettoyage au clapeau, avant le passage dans le bain acide; car, sans cette précaution, la couleur de la broderie serait détruite, sinon totalement, du moins en grande partie.

Après ces explications théoriques préliminaires, passons à la description pratique du procédé de blanchiment tel qu'il est suivi aujourd'hui dans la plupart des grands établissements industriels.

Le procédé suivant, modifié selon la force des étoffes à blanchir, m'a toujours donné d'excellents résultats dans les différents établissements que j'ai dirigés, e en diminuant ou en augmentant les quantités proportionnelles des matières employées, en variant la durée des opérations, selon la force des tissus, et en les renouvelant, si cela est nécessaire, on est sûr de suivre la marche la plus rationelle et d'observer les lois scientifiques qui viennent d'être développées.

L'opération du blanchiment est complexe, comme nous l'avons vu, et elle se subdivise en plusieurs parties. La première, le *grillage*, est destinée à dépouiller mécaniquement le tissu de son duvet. La seconde, le *bouillissage* dans de l'eau de chaux, doit transformer les matières grasses en savon calcaire (stéarate, margarate et oléate de chaux) et préparer ainsi la saponification des acides gras. La troisième est le *passage des pièces dans des bains acides*, qui, en s'emparant de la chaux, isolent les acides gras. La quatrième est le *dégraissage ou lessivage*, qui a pour but de dissoudre les acides gras dans une lessive de soude ou de potasse. Et enfin la cinquième, le chlorurage, constitue le *blanchiment* proprement dit, c'est-à-dire la destruction des matières colorantes par leur oxydation. C'est le chlorure de chaux qui, jusqu'à présent, a été reconnu comme possédant cette propriété d'oxydation dans les meilleures conditions, c'est-à-dire qu'à une action sûre et rapide, il joint encore une économie notable dans les prix de revient sur tous les autres agents proposés jusqu'à ce jour.

Blanchiment de 200 pièces de calicot de 100 mètres de longueur

1re Opération.

GRILLAGE. (Voir la description des appareils de M. Tulpin, page 91 du 6e fascicule des *Études sur l'Exposition.*)

2e Opération.

BOUILLISSAGE EN EAU DE CHAUX. On éteint soixante kilogrammes de chaux vive dans de l'eau en quantité suffisante pour en faire ce qu'on appelle un lait de chaux. On se sert, à cet effet, de cuves en bois, que l'on dispose de la manière suivante:

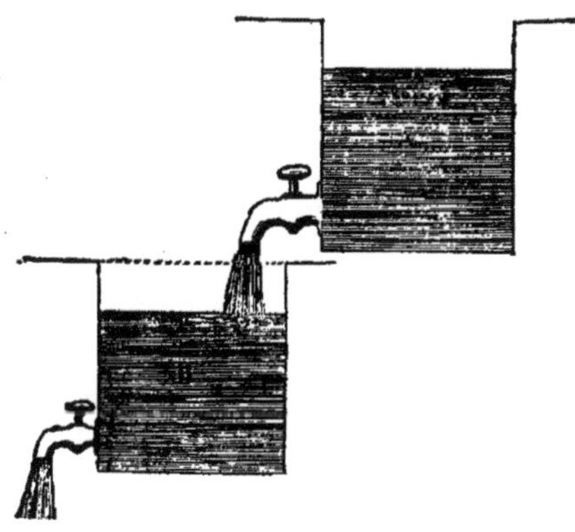

Fig. 2.

Dans la cuve A (fig. 2), on prépare le lait de chaux, qui s'écoule par le robinet placé à sa partie inférieure dans la cuve B, en traversant un tamis en toile métallique qui est placé sur la partie supérieure de celle-ci. De la cuve B le liquide calcaire s'écoule dans une troisième cuve qui sert à plaquer les pièces. Cette dernière cuve C (fig. 3) est munie de roulettes en bois; elle est à fleur de terre, et les pièces, en sortant du bain, passent dans un appareil à exprimer E, disposé de telle sorte que tout le liquide excédant retombe dans la cuve à plaques.

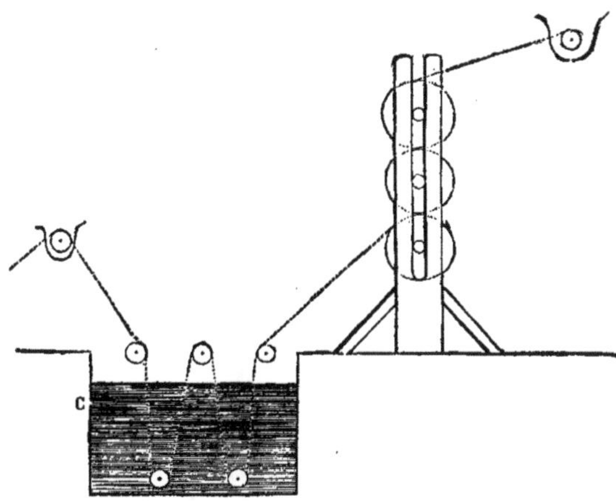

Fig. 3.

Les rouleaux sont disposés de manière à bien comprimer les pièces sans les érailler; celles-ci sont ensuite dirigées, au moyen du rouleau d'appel, dans la cuve à bouillir au lait de chaux, où un ouvrier les dispose convenablement. Le pressier les couvre d'un couvercle à claire-voie, à travers lequel on fait couler le restant du lait de chaux et l'eau nécessaire pour bien les recouvrir. (Je donnerai plus loin la description des appareils de MM. Tulpin de Rouen, et Huguenin de Mulhouse.)

On fait bouillir pendant douze heures et même dix-huit heures quand la marchandise est épaisse et d'un tissu serré. Il faut veiller surtout à ce qu'elle immerge bien dans le liquide calcaire.

Après l'ébullition, on laisse écouler l'eau de chaux par un robinet placé à la partie inférieure de la cuve ; et, sans déranger les pièces, on leur fait subir un lavage préalable dans la cuve même, en chassant l'eau de chaux qu'elles contiennent par l'introduction d'eau pure par la partie supérieure de la cuve. Cette eau s'échappe par le robinet du bas de la cuve, et on passe ensuite les pièces au clapeau deux fois de suite. Cet appareil a la disposition suivante (fig. 4) :

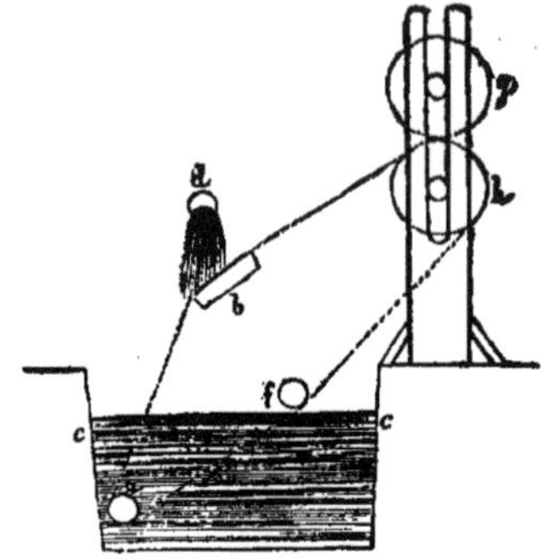

Fig. 4.

cc Cuve ou réservoir d'eau que l'on renouvelle constamment. Il est préférable de se servir d'eau courante.

a Rouleau placé sous l'eau.

b Carreau d'appel.

d Tuyau d'eau à arrosoir.

f Rouleau directeur.

g, *h* Rouleaux presseurs.

Les pièces doivent faire vingt tours sur les rouleaux *g*, *h*.

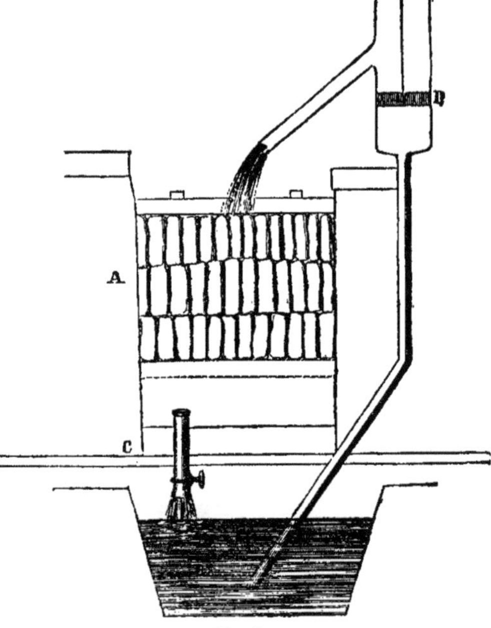

Fig. 5.

Après le nettoyage au clapeau les pièces sont dirigées dans la cuve d'acide (fig. 5).

A représente la cuve dans laquelle on dispose les pièces.

B est la petite cuve dans laquelle on prépare de l'acide muriatique à 2°-B.

D est une pompe dont les soupapes sont en gutta-percha, les tuyaux en plomb, le piston en plomb, et les ventiles en plomb et gutta-percha. Tout ce qui n'est pas en contact avec l'acide peut être en fonte : les tiges du piston sont en cuivre.

L'acide, qui est en B, est continuellement remplacé, et, après chaque partie de marchandises, on a la précaution d'ajouter quatre à cinq bonbonnes d'acide à 2°-B. On pompe le liquide de B en A, jusqu'à ce que la cuve soit pleine et que les pièces soient bien imbibées ; on laisse ensuite écouler le liquide par le tuyau C dans la cuve B. On recommence cette opération trois fois de suite, en ayant soin de laisser les pièces soumises, pendant trois heures, à l'acide de la troisième immersion.

Les pièces sont ensuite lavées à l'eau pure, dans la cuve d'abord, puis au moyen du clapeau, et dirigées directement dans la cuve de lessivage en soude et savon résineux.

On dispose les pièces dans cette cuve en trois couches circulaires, comme je l'indique ci-contre (fig. 6) :

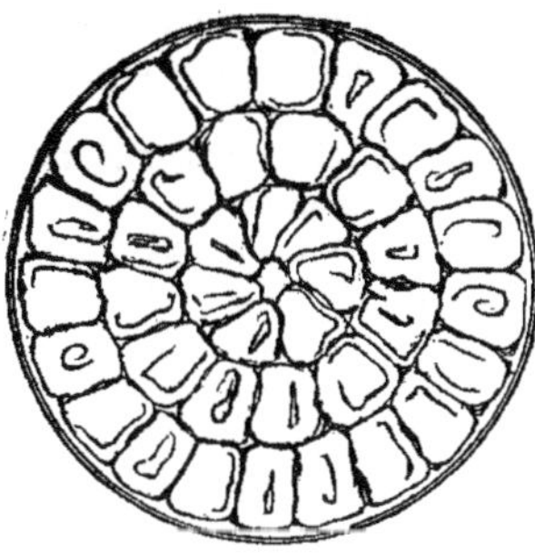

Fig. 6.

On les presse bien, on les couvre d'eau dans laquelle on a dissous 40 kilog. de sel de soude. On peut se servir aussi de savon alcalin résineux qui a déjà servi à une première opération.

Après huit heures de bouillon, on laisse écouler le bain alcalin, et on lave les pièces en cuve ; on verse ensuite une nouvelle dissolution de 40 kilog. de soude sur les pièces, on fait bouillir six heures et, pendant que le liquide est en pleine ébullition, on ajoute le savon résineux, que l'on prépare dans une chaudière pleine d'eau en faisant bouillir pendant quelques heures 40 kilog. de sel de soude et 40 kilog. de colophane. On introduit le savon dans la cuve à lessiver de manière à ne point interrompre le bouillissage ; on fait ensuite encore bouillir pendant six heures ; après cela, on ajoute une dissolution de 40 kilog. de sel de soude et on fait bouillir encore pendant dix heures. Le savon résineux se trouve donc composé de 100 kilog. de sel de soude et de 40 kilog. de colophane, on peut aussi, comme cela est du reste nécessaire quand on se sert de cuves à haute-pression, faire immédiatement le mélange de la dissolution alcaline et du savon résineux.

A la fin de l'opération on fait couler la lessive de la cuve dans d'autres cuves dans lesquelles on veut l'employer comme je l'ai dit précédemment à la première opération du lessivage. On dispose les cuves à lessiver de manière à les faire communiquer les unes avec les autres, ou, selon les besoins du travail, avec le canal d'écoulement C.

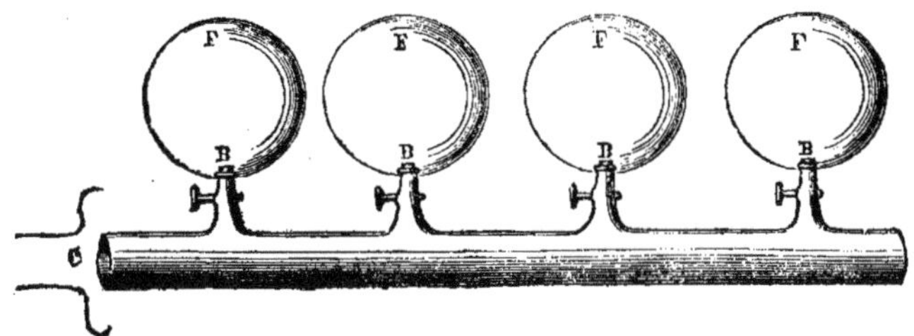

Fig. 7.

Après que les bains alcalins se sont écoulés, on lave bien les pièces en cuve, puis deux ou trois fois au clapeau, et de là on les dirige dans la cuve à chlorer-

Cette cuve est disposée de la même manière que celle à acide : on prépare, dans la cuve inférieure, un bain d'hypochlorite de chaux à 1/4°-B (430 d'arsenic marquant 57° au chloromètre), et après chaque partie de marchandises on ajoute une dissolution de 21 kilog. de chlorure sec.

De même que pendant l'opération du passage à l'acide, on verse le chlorure trois fois sur les pièces ; la troisième fois les pièces restent imbibées pendant plusieurs heures, puis, après l'écoulement de la liqueur acide, mais sans avoir été préalablement lavées, les pièces sont dirigées dans une cuve pleine d'acide sulfurique dilué à 2°-B, où on les traite de la même manière qu'il vient d'être dit pour le chlorurage. Les pièces sont ensuite lavées et séchées.

Quand, à la longue, il se forme beaucoup de sulfate de chaux, pendant ce dernier traitement par l'acide sulfurique, il faut faire remonter le liquide au moyen de la pompe et le rejeter.

En récapitulant le nombre d'heures employées au blanchiment complet des pièces, nous voyons que, pour la mise en cuve et le bouillissage en eau de chaux,

il faut	20 heures.
Pour sortir de la cuve	1
Pour deux lavages au clapeau	5
Acide muriatique	3
Lavage au clapeau	2
Bouillissage en soude et savon	36
Clapeau	2
Chlorure à 57° chlorométrique	5
Acide	5
Deux clapeaux	5
Totalité des heures de travail	84 heures.

Il est bien facile à comprendre qu'en multipliant suffisamment le nombre des appareils que je viens de décrire on arrive à blanchir des quantités considérables de tissus par jour. C'est ainsi que les maisons de Wesserling, de Dollfus, Mieg de Mulhouse, etc., sont parvenues à blanchir 3 à 400,000 pièces de 100 mètres de longueur pendant 300 jours de travail, ce qui fait plus de 1,000 pièces par jour ou 100,000 mètres.

Passons maintenant à la description des appareils à lessiver à haute pression, qui méritent toute notre attention, et dont l'emploi tend à se généraliser en Angleterre surtout.

Appareils de lessivage des tissus de coton.

Le principe de tous les appareils à lessiver les étoffes consiste à faire pénétrer le liquide alcalin dans toutes les parties du tissu d'une manière égale, afin qu'elles subissent pendant le même temps et à la même température, l'action saponifiante des matières employées.

Les chaudières ou cuves à basse pression ne réalisent cet effet que lorsqu'on prolonge l'opération du bouillissage et que l'on augmente les quantités d'alcali employé. On leur a donné le nom de citadelles dans les fabriques de Normandie, où elles sont généralement en usage, et les fig. de la pl. 130 représentent une chaudière à bouillir pouvant contenir cent cinquante pièces de calicot, et fonctionnant sous la pression d'une atmosphère et demie. Ce genre de chaudière est employé depuis trente ans environ dans les établissements de Rouen, et la maison Bonnière, aujourd'hui maison Tassel, a été des premières à l'adopter. C'est à M. Tulpin, constructeur, dont j'ai déjà eu souvent l'occasion d'apprécier le talent, que ce fabricant doit ses appareils. En les reproduisant ici avec la plus scrupuleuse exactitude, quoique l'Exposition n'en ait offert au visiteur aucun spécimen, je faciliterai au lecteur la comparaison d'un système qui est employé dans un grand nombre de fabriques, avec celui à haute pression, que la plupart de nos grands industriels hésitent encore à adopter.

Chaudière dite citadelle pouvant contenir 150 pièces de 100 mètres.
(Construite par M. Tulpin de Rouen.)

Légende explicative. (Fig. 1, Pl. 130.)

A A' A'' A'''	Chaudière à lessiver les pièces, chauffée à la vapeur avec une pression de 1 1/2 atmosphère.
B B'	Trou d'homme servant de fermeture à la chaudière.
C C'	Bouchon du trou d'homme, s'appliquant comme à toutes les chaudières à vapeur, et maintenu au moyen de quatre boulons et de deux traverses en fer.
D D'	Traverses en fer.
E E'	Boulons d'attache du bouchon.
F F'	Soupapes de sûreté à poids direct.
f	Poids.
G G'	Double fond en bois recevant les pièces à blanchir.
g g' g'' g'''	Supports en fer soutenant le double fond.
H H'	Cercle en fer reliant les supports entre eux.
I I' I'' I'''	Traverses en fer maintenant les pièces durant l'opération.
J J' J'' J'''	Supports d'arrêt des traverses.
K	Tube de niveau d'eau en cristal.
L L'	Tubes de communication du niveau d'eau avec la chaudière.
M M'	Robinets portant le tube de niveau d'eau.
N N'	Enveloppe du tuyau réchauffeur.
O O'	Tuyau de vapeur réchauffeur.
P P' P'' P'''	Enveloppe de la chaudière en maçonnerie.
Q	Robinet de prise de vapeur.
R	Robinet de vidange.

Dans plusieurs de ces appareils à basse pression, on dispose le tube de vapeur réchauffeur dans le milieu de la cuve, qui peut être en bois; le tuyau s'ouvre dans la partie inférieure de la cuve, et est surmonté d'une enveloppe recouverte d'un chapiteau qui disperse la lessive montante sur toute la surface supérieure de la masse des pièces, et la fait retomber ainsi, en les traversant, dans les parties basses de la cuve, où elle se réchauffe, remonte encore sous l'action de la vapeur, pour continuer ce mouvement de va-et-vient pendant tout le temps que doit durer l'opération.

Le système de boulons et de traverses qui maintient le bouchon du trou d'homme qui est indiqué dans la planche précédente est dû à M. Tulpin.

Les pièces sont placées dans la cuve comme je l'ai dit précédemment, la lessive y est introduite, et la vapeur entrant par le tuyau *o* la force à remonter et à se répandre par l'ouverture V sur les pièces. Quand l'opération est terminée, on laisse s'écouler le liquide par le robinet R.

Ce genre de cuves offre certainement quelques inconvénients. La saponification des corps gras s'y fait moins rapidement que dans les cuves à haute pression, et il arrive peut-être plus souvent qu'avec ces dernières que les pièces ne sont pas toujours traversées également par le liquide. Il se forme quelquefois entre elles de véritables petits canaux par lesquels se précipite le liquide alcalin qui, dans ce cas, n'exerce pas d'action sur le tissu.—Mais, malgré ces imperfections, on s'en sert dans la plupart des établissements, avec quelques modifications peu importantes, que chaque fabricant introduit dans leur construction et qu'il est inutile de signaler ici.

Appareils à lessiver à haute pression.

La saponification des corps gras par les alcalis se faisant plus rapidement quand on opère dans des vases clos et sous une haute pression, il est évident que l'on a dû chercher à remplacer, depuis la connaissance de ce fait, le système primitivement employé de lessivage dans des cuves découvertes par celui de cuves fermées, dans le genre de celles que je viens de décrire, puis enfin par celui de cuves fermées et pouvant résister à l'action d'une haute pression. Ce dernier système, qui offre quelques dangers quand les appareils sont défectueux, a de la peine à se répandre, et, excepté en Amérique, où il a été d'abord appliqué, et en Angleterre, où il s'est rapidement vulgarisé sous le nom de Wadington, on l'emploie avec une certaine restriction. Quelques accidents, récemment arrivés dans des blanchisseries de Russie et d'Allemagne, et qui ont été signalés à la Société industrielle de Mulhouse, jetteront peut-être encore plus de discrédit sur ce genre d'appareils. Cependant, il suffirait d'un examen approfondi pour remonter à la source du mal; et ne serait-ce pas plutôt à un vice de construction ou à un manque de précaution dans l'emploi de cet appareil qu'au système lui-même qu'il faut attribuer les accidents qui se produisent?

Le système Wadington est adopté dans les établissements de M. Rondeaux et de M. Girard de Rouen, et dans celui de MM. Dollfus, Mieg et comp. de Mulhouse. Quelques autres maisons, entre autres celle de M. Stackler, en ont fait l'essai, puis y ont renoncé, de sorte que l'on s'en tient généralement aux anciennes cuves à basse pression, et que l'on préfère ce dernier système qui est moins dangereux et qui nécessite moins de précautions.

Je commencerai par décrire le système Wadington, qui est connu depuis plus de trente ans, et dont les modèles sont exposés au Conservatoire des Arts et Métiers. Ce système est remis en vogue depuis quelques années, en Angleterre, par MM. Barlow, Samuel et comp., de Manchester, qui y ont introduit quelques modifications peu importantes. Il fonctionne à une pression de 5 atmosphères, ce qui est peut-être trop; mais ce n'est pas à une pression de 1 atmosphère de plus que l'on doit attribuer les dégâts si graves occasionnés par l'emploi de ces appareils en Russie, dans la maison Prochoroff à Moscou, et que j'ai signalés plus haut.

M. Charles O'Neill, chimiste de la fabrique de Schlusselbourg, a développé, à la séance du 15 mai 1867 de la Société industrielle de Mulhouse, les raisons qui le portent à attribuer cet accident au dégagement brusque de l'acide carbonique du carbonate de soude, par suite de l'action de la colophane sur ce sel dans la préparation du savon résineux. Cette action est devenue l'objet d'un examen consciencieux, et aussitôt que j'en connaîtrai le résultat je le mentionnerai dans nos *Annales du Génie civil.*

Légende explicative des appareils de blanchiment du système Wadington (Pl. 203).

A A' Chaudière à lessiver les tissus.
B Récipient servant à réchauffer la lessive.

C Cuve en bois servant à la préparation de la lessive.
c Tuyau de communication de la cuve avec le récipient pour y amener la lessive.
D Tuyau de vapeur réchauffant la lessive dans le récipient.
E Tuyau plongeur amenant la lessive chauffée du récipient dans le haut des chaudières.
ee Robinets interceptant à volonté la communication des chaudières avec le récipient.
E' Prolongement du tuyau E établissant à volonté la communication du bas des chaudières avec le récipient.
FF' Robinets établissant à volonté la communication du bas des chaudières avec le récipient.
ff Robinets de vidange.
GG Rouleaux d'appel des pièces pour encuver et décuver.
H Cuve de trempage pour le chlorurage.
H' Cuve de trempage dans les bains acides.
hh' Pompes pour le chlore et les acides.
II' Petites cuves recueillant les dissolutions chlorurées et acides à mesure qu'elles s'écoulent.
JJ Tuyau d'aspiration des pompes.
KK' Tuyaux d'écoulement des dissolutions chlorurées et acides.
LL'L"L"' Colonnes supportant l'entablement qui reçoit les appareils.

Ce système complet de blanchiment continu et à haute pression a été construit par M. Tulpin, pour les besoins de la fabrique de MM. Dollfus, Mieg et comp., il y a quelques années. M. Tulpin construisit alors trois chaudières à lessive au lieu de deux. La première était destinée au lessivage des pièces dans l'eau de chaux; les deux autres aux lessives alcalines. Celles-ci communiquent entre elles par le bas, au moyen d'un jeu de robinets, ce qui permet de faire passer la lessive de l'une dans l'autre, selon les besoins du travail, comme je l'ai signalé au commencement de cette étude.

La planche 202 représente une cuve à lessiver les tissus, comme celles que M. Tulpin a construites pour MM. Dollfus, Mieg et comp.

Légende explicative de la planche 202.

AA'A"A"' Cuve ou chaudière fonctionnant à 3 et 4 atmosphères, suivant l'épaisseur des toiles.
BB' Grand trou d'homme servant de fermeture à la chaudière.
CC' Bouchon du trou d'homme s'appliquant à plat sur la bride de celui-ci et maintenu par 12 boulons à charnière *dd'*, avec écrous à oreille se rabattant lorsqu'on veut enlever le bouchon.
DD' Écrous à oreille des bouchons *dd'* : il y en a douze semblables vus dans le plan.
EE' Soupape de sûreté chargée, plus ou moins, selon la pression à laquelle on veut opérer le lessivage.
F Double fond en bois sur lequel reposent les pièces à blanchir.
gg'g"g"' Supports en fer soutenant le double fond.
HH' Cercle en fer reliant les quatre supports *gg'g"g"'*.
II' Traverses en fer maintenant les pièces durant le bouillissage.
JJ'J"J"' Supports d'arrêt des traverses en fer.
KK'K" Robinets et tubes du niveau d'eau.

LL'	**Tubes de communication des robinets du niveau d'eau à la chaudière.**
MM'	Enveloppe du tuyau à vapeur.
NN'	Tuyau de communication de l'enveloppe du tuyau de conduite de la vapeur avec la cuve.
oo'	Tuyau de conduite de la vapeur.
P	Robinet de prise de vapeur communiquant avec le générateur de la vapeur.
QQ'	Enveloppe en bois empêchant le refroidissement de la cuve.
RR'	Tuyaux de vidange.

La fermeture autoclave de ce genre de chaudières n'est pas, à mon avis, aussi avantageuse que celle qui est indiquée dans la figure qui représente les cuves à lessiver auxquelles les Rouennais ont donné le nom de citadelles, et qui est de l'invention de M. Tulpin.

Aucune de ces cuves n'était exposée dans les galeries du Palais du Champ de Mars, et le seul appareil de ce genre que j'y aie aperçu sortait des ateliers de MM. Ducommun et comp. de Mulhouse. Ces constructeurs-mécaniciens, dont j'ai déjà eu l'occasion de faire ressortir l'habileté, ont fait breveter leur système, qui présente quelques modifications quand on le compare avec les autres appareils du même genre. C'est ainsi que la lessive qui se trouve dans la partie inférieure de la cuve A est appelée, à l'aide d'un injecteur C, et déversée dans la partie supérieure B par dessus les tissus renfermés dans la cuve. La figure suivante fera connaître au lecteur la différence qui existe entre ces différents appareils de lessivage.

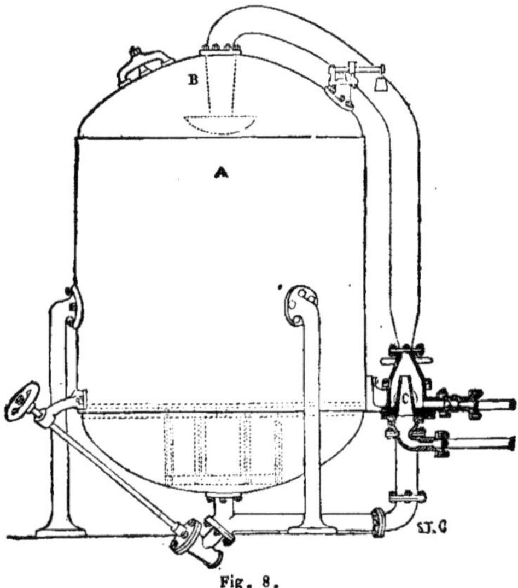

Fig. 8.

Quel que soit le système de lessivage employé, qu'il soit à haute ou à basse pression, le résultat en est à peu près le même, quand on observe convenablement les règles que nous avons précédemment indiquées.

Quelques esprits, et des meilleurs, comme celui de mon savant collègue et ami, M. C. Koechlin, traitent la haute pression de complément barbare des manipulations du blanchiment. Je crois que c'est là un jugement sévère, et l'expérience que j'ai faite moi-même de ces différents appareils me confirme dans l'opinion que j'ai émise : que l'on ne doit ni rejeter complétement les uns, ni préconiser d'une manière absolue l'emploi des autres. Les cuves à haute pression nécessitent une plus rigide observation des règles de la prudence il est vrai, mais elles introduisent dans les opérations une certaine économie de temps et de matières premières, et il est bon d'en tenir compte. Il en est de même du blanchiment *continu* qui ne doit pas être appliqué sans discernement, mais selon les besoins de la fabrication.

C'est à l'industriel lui-même de suivre la voie qui lui semble la plus avantageuse, et d'observer sagement les règles du progrès véritable sans oublier celles qui lui sont enseignées par sa propre expérience. Soyons donc prudents, mais ne reculons pas de propos délibéré devant les difficultés ni même les dangers de certaines découvertes; il s'agit de les vaincre et non de les rejeter.

Blanchiment des étoffes de laine, de laine chaîne coton et de soie.

La laine est la partie chevelue qui recouvre la peau des moutons et de quelques autres animaux tels que les alpacas, les chèvres du Thibet, les vigognes, etc. Selon que ces laines proviennent de la tonte des animaux en vie ou de celle des animaux morts, on leur donne le nom de *laines en toison* ou de *laines mortes*, et toutes deux portent la dénomination de laine en suint ou de laine surge. Le suint est une matière grasse dont il faut débarrasser la laine avant de la filer et de la tisser. On la trempe à cet effet dans de l'eau froide qui devient trouble et laiteuse, puis dans de l'eau chaude et enfin dans l'urine putréfiée; une solution ammoniacale produirait le même effet que cette dernière. C'est à Vauquelin que l'on doit les recherches les plus précises sur la composition du suint; cette matière entre pour 35 à 45 pour 100 dans le poids de la laine surge, et M. Chevreul en a découvert jusqu'à 58 pour 100 dans la laine d'agneau.

La laine dépouillée de son suint, a été analysée par M. Chevreul qui en a séparé une substance grasse solide, une substance grasse liquide, du soufre, et quelques matières salines et colorées. Mais ce que la science aurait dû chercher à découvrir, c'est la cause qui fait perdre à la laine provenant d'un animal malade, ou mort de maladie, la propriété de se combiner avec les mordants métalliques et les matières colorantes de la même manière que la laine provenant d'un animal sain. En effet, celle-ci se teint en couleurs franches, vigoureuses, tandis que celle-là ne se recouvre que de teintes faibles et ternes! C'est à M. Bosc que l'on doit ces expériences vraiment remarquables, et curieuses à plus d'un titre.

La laine filée et tissée est accompagnée de matières grasses, cireuses ou résineuses, provenant de sa composition naturelle ou des opérations qu'elle a subies pendant le travail de la filature et du tissage. Il faudra donc, comme pour le coton et le lin, procéder d'abord à la saponification de ces matières avant d'arriver à la décoloration des fibres.

Dégraissage. La saponification des matières grasses qui accompagnent les tissus de laine écrue, doit être faite à une température peu élevée, de peur que ceux-ci ne se contractent, ou se feutrent. Cette obligation de ménager la fibre du tissu constitue une différence très-grande entre les deux manières de traiter les étoffes de laine et celles de coton. Il faut éviter aussi l'emploi des alcalis caustiques, de la chaux, qui, en désagrégeant les fibres du tissu, les empêchent de se combiner avec les matières colorantes. On se sert donc de cristaux de soude et de savon pour dissoudre la matière grasse de la laine et de la soie, et l'on opère de la manière suivante :

On procède d'abord au grillage et au tondage des pièces comme pour l. pièces de coton, et avec la même machine que j'ai décrite précédemment.

Après le grillage, on passe les pièces dans des cuves à roulettes remplies d'une dissolution de carbonate de soude à 10 grammes par litre et chauffée à 60°.

Ces cuves ont la disposition indiquée par la figure 9 de la page suivante : *abcd* représentent la cuve à dégraisser.

A est la bobine autour de laquelle on a enroulé les pièces cousues ensemble par quatre pièces.

rrrrrr sont les roulettes qui servent à diriger les pièces dans la dissolution alcaline.

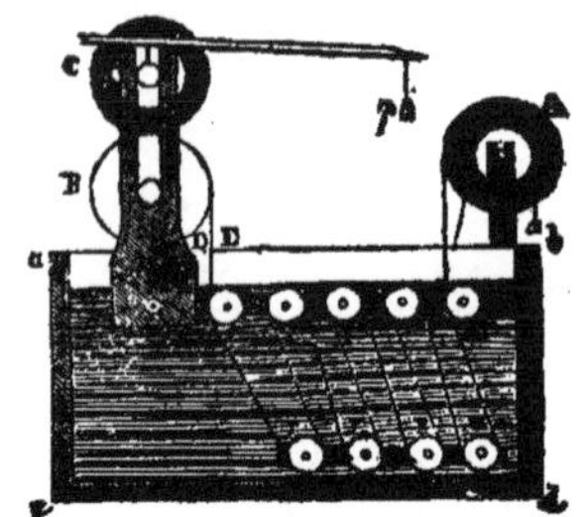

Fig. 9.

B C sont deux rouleaux, dont l'un en bois et l'autre en cuivre; ils glissent dans une rainure de manière que le rouleau supérieur autour duquel s'enroulent les pièces puisse, à mesure qu'il augmente de volume, s'élever à volonté. Le poids *p* sert à augmenter la pression que l'on communique au rouleau supérieur pour en exprimer le liquide.

Ce genre de cuve est munie d'une règle élargisseuse E qui sert à tendre la laine, à enlever les plis qui pourraient s'être formés avant son euroulage en C.

On fait passer ces pièces trois fois de suite dans la même cuve et après une série de 12 pièces on ajoute 1 kilogramme de carbonate de soude au bain alcalin.

On lave à l'aspergeoir et on procède au passage dans un bain de soude et de savon contenu dans une cuve semblable à la première, et composé de 7 kilogrammes de soude et de 1 1/2 kilogramme de savon. Après chaque série de douze pièces on ajoute au bain une dissolution de 1 kilogr. de soude et de 1/2 kilogr. de savon.

On procède ensuite à un second lavage, à un second passage en carbonate de soude sans savon et à un lavage à l'eau chauffée à 70°, puis au soufrage des pièces, qui constitue le blanchiment proprement dit.

On peut aussi se servir d'autres appareils sans roulettes, auxquels on donne le nom de crécelles, et qui consistent eu une cuve surmontée de deux rouleaux en bois, entre lesquels passent et repassent les pièces cousues les unes aux autres, bout à bout, pendant tout le temps qu'on les soumet à l'action du bain alcalin ou du bain savonneux. Ce dernier système est assez généralement employé comme étant le plus simple.

Blanchiment. Après qu'on a débarrassé les pièces de leurs parties grasses on procède à la décoloration proprement dite des fibres du tissu. Cette décoloration s'opère au moyen de l'acide sulfureux gazeux, dissous dans l'eau, ou à l'état de combinaison saline. La matière colorante de la laine n'est pas détruite par l'acide sulfureux, mais elle forme avec ce dernier un composé incolore qui reste fixé sur le tissu. C'est en cela que consiste la différence entre son action et celle du chlore sur la matière colorante des tissus de coton et de lin. Celle-ci disparaît complétement tandis que celle-là n'est que dissimulée sous une forme nouvelle.

Sa destruction complète ferait faire un grand pas à l'industrie.

Voyons de quelle manière se fait la décoloration des tissus par l'acide sulfureux:

Quand on emploie l'acide sulfureux gazeux on se sert de la chambre à soufrer, qui consiste (fig. 10, page suivante) en un local de 5 mètres de côtés et de 5 mètres environ de hauteur, muni d'une porte C pour laisser entrer les ouvriers, de deux ouvertures A B plus petites, disposées dans la partie basse de la chambre, et par lesquelles on introduit le soufre en ignition et d'une ouverture supérieure D destinée à laisser échapper le gaz quand l'opération est terminée.

La suspension des pièces se fait sur des tiges en bois ou en verre *aa'*, *bb'*, *cc'*, etc., disposées dans l'intérieur de la chambre. On recouvre les pièces suspendues d'une toile humide pour empêcher les parcelles de soufre de retomber sur elles et d'y produire des taches; on ferme bien la porte C, on la mastique avec de l'argile, on ferme de la même manière l'ouverture supérieure et on introduit par les ouvertures inférieures A et D le soufre allumé; on ferme aussi ces dernières ouvertures, et on laisse les pièces soumises pendant 12 heures consécutives à l'action décolorante de l'acide sulfureux. Les pièces doivent être préalablement humectées bien également et la température de la chambre ne doit pas être inférieure à 25° C, ce dont on peut s'assurer au moyen d'un thermomètre dont la boule est placée dans l'intérieur de la chambre.

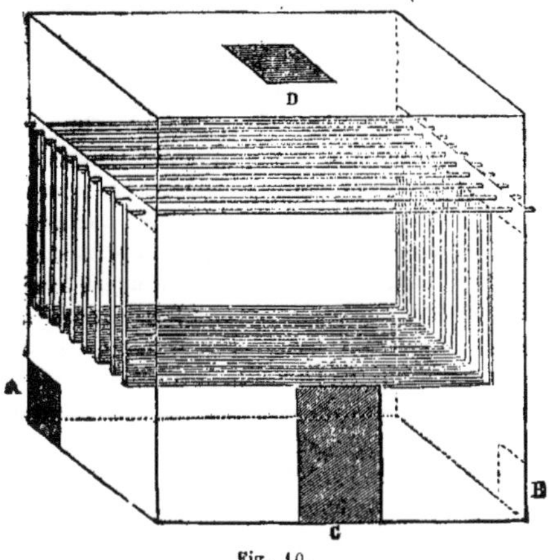

Fig. 10.

Le nombre des chambres de soufre peut être augmenté selon les besoins de la fabrication, et on peut en modifier la disposition intérieure et les faire communiquer avec des appareils de chauffage et de ventilation, pour faciliter le travail des ouvriers, mais on ne peut qu'atténuer les inconvénients que présente ce genre d'appareils sans pouvoir les faire disparaître complétement.

L'acide sulfureux liquide, c'est-à-dire dissous dans de l'eau (qui en absorbe 43 fois son volume) ou combiné avec la soude, est d'un emploi préférable à celui de l'acide sulfureux gazeux, et cependant il n'est pas encore généralement adopté dans les blanchisseries de laine. Son action est cependant plus régulière, plus efficace, et son application moins coûteuse, puisqu'elle évite au fabricant la construction toujours assez onéreuse des chambres à soufrer : c'est à d'Oreilly (*Annales des arts et manufactures*, t. v, pag. 44, germinal an IX) que l'on doit cette substitution de l'acide sulfureux liquide à l'acide gazeux encore assez généralement employé aujourd'hui.

Quel que soit le mode d'opérer la décoloration des tissus de laine et de soie, on procède à leur sortie du soufroir, à l'aération à froid, et autant que possible à l'air libre; si les pièces ne sont pas assez blanchies, ni dépouillées de leurs parties grasses on procède à un nouveau dégraissage à la soude et à un nouveau soufrage.

Après le soufrage, on lave les pièces à l'eau ou dans une dissolution légère de carbonate de soude, puis on procède à l'azurage qui consiste en une véritable teinture au moyen de cochenille ammoniacale et de carmin d'indigo. Les pièces sont ensuite enroulées fortement sur des bobines et soumises à l'action de la vapeur d'eau pendant plusieurs heures; on laisse refroidir les bobines avant de les dérouler : cette dernière opération a pour but d'empêcher les tissus de se retrécir après les opérations diverses de l'impression, de la teinture et du lavage auxquelles elles doivent encore être soumises. Il arrive souvent que malgré l'azurage ou teinture en blanc, les pièces jaunissent. Il serait sans doute préférable d'employer les pièces sans leur enlever l'excédant d'acide sulfureux, mais sans parler de l'odeur que ce gaz répand et de son action délétère, il est souvent nuisible à certaines fabrications, et il est alors nécessaire de ne pas le laisser à l'état libre. Le carbonate de soude dont on se sert pour le saturer a le grave inconvénient d'exercer une action trop grande et de détruire en partie le composé formé par l'acide sulfureux et la matière colorante, et de rendre cette dernière de nouveau apparente, au moins en partie.

Cet inconvénient si grave m'a souvent préoccupé, et, après plusieurs essais, je suis arrivé à de meilleurs résultats en passant les pièces, après leur soufrage, dans une eau rendue légèrement laiteuse au moyen d'une addition de craie ou carbonate de chaux. Ce sel absorbe l'acide sulfureux en excès, sans exercer la moindre influence sur sa combinaison avec la matière colorée du tissu. On azure ensuite les pièces avec de l'outremer bien dilué dans de l'eau gommée et ajouté au bain d'eau pure dans lequel on passe au large les pièces en dernier lieu avant de les faire sécher. L'eau gommée à laquelle on mêle l'outremer en poudre facilite le mélange de ce dernier avec le bain d'azurage. On se sert aussi pour bleu d'azur, du bleu d'aniline ou du bleu de carmin mêlé à de la cochenille ammoniacale. Des pièces ainsi blanchies et azurées peuvent être conservées fort longtemps dans les magasins de blanc sans prendre cette teinte jaunâtre qui donne un aspect sale à la marchandise. Les étoffes de soie et de chaîne coton peuvent subir la même préparation, avec le même avantage. Le carbonate de magnésie produit un effet analogue à celui de la craie.

Pour teindre en blanc avec ce sel, on plonge l'étoffe dans une dissolution de sulfate de magnésie à laquelle on ajoute du bicarbonate de soude, on échauffe le liquide, et le carbonate de magnésie qui se forme, se précipite dans les fibres du tissu et les colore en blanc.

Les pièces destinées à la teinture ne sont pas exposées à l'action de l'acide sulfureux, et, à l'exception de celles qui devront être teintes en couleurs très-tendres, telles que les roses clairs, les bleus clairs dits bleus de ciel, les lilas et les gris d'aniline, on nettoye et dégraisse seulement les pièces avant de les mordancer et de les teindre en uni.

Quand il s'agit d'impressions sur laine, il faut toujours blanchir au soufre, car dans ce genre de fabrication il y a toujours des parties blanches réservées dans les dessins reproduits sur le tissu, et il est nécessaire qu'elles conservent toute la pureté possible et qu'elles soient insensibles à l'action des matières colorantes qui dégorgent pendant le lavage des étoffes.

Les tissus de laine chaîne-coton se blanchissent de la même manière que ceux de laine pure; car les fils de coton qui servent à former la chaîne de ce genre d'étoffes étant blanchis avant le tissage, il ne s'agit plus alors que de blanchir les fils de laine qui en forment la trame.

Les foulards de soie subissent à peu près les mêmes opérations, cependant on procède au blanchiment des étoffes de soie *écrue* d'une manière différente.

On donne le nom d'*écrus* aux tissus dont les fils n'ont pas été décreusés, c'est-à-dire à demi blanchis avant le tissage.

Il s'agit donc de les traiter plus énergiquement et de détruire la couleur fauve qui les recouvre. On place à cet effet les foulards dans des sacs en grosse toile d'un tissu lâche, en les dépliant avec soin, de peur des cassures qui pourraient se produire dans les fils avant qu'ils ne fussent dépouillés de la matière cireuse et de l'encollage qui les recouvre. Ces cassures, une fois formées, ne disparaissent plus même après l'apprêt. Ce travail réclame donc une sérieuse attention.

On peut placer jusqu'à 200 foulards dans un sac; on prépare plusieurs sacs de cette manière, on les ferme au moyen d'un cordon, et on les place dans une cuve en bois contenant de l'eau à 40° dans laquelle on dissout 1 kilogramme de savon pour chaque pièce de 100 foulards. Cette caisse est munie d'un couvercle en bois qui la ferme hermétiquement; on élève la température de l'eau au bouillon, et on l'y maintient pendant près de deux heures; on retire ensuite les foulards de l'eau de savon, on les lave dans un bain d'eau à 40° rendue légèrement alcaline par une addition de carbonate de soude, on les lave à l'eau courante, on les fait passer à l'hydroextracteur et on les expose dans la chambre à soufrer pendant quelques heures, et enfin on les passe au sortir du soufroir dans un bain de craie ou de carbonate de magnésie, comme je l'ai dit pour les tissus de laine, puis dans un bain d'azurage, avant de les apprêter.

Quand les foulards sont destinés à l'impression, il est inutile de les soufrer, mais on les mordance après le lavage, dans les bains qui conviennent à cette fabrication. (Voir la *Fabrication des tissus imprimés* de D. Kaeppelin, p. 4.)

Les galeries de l'Exposition renferment de nombreux spécimens de tissus blanchis, et les mêmes noms que j'ai cités dans mon Étude sur l'impression et la teinture des étoffes, se retrouvent ici, car toutes ces industries sont solidaires les unes des autres, et elles font partie d'un grand ensemble que l'on rencontre souvent réuni dans le même établissement. C'est ainsi que les grands fabricants d'indiennes blanchissent presque tous eux-mêmes leurs étoffes de blanc et d'impression, et il leur arrive la plupart du temps de blanchir encore à façon pour d'autres industriels; ceux-ci y trouvent eux-mêmes un grand avantage, car ne pouvant opérer sur d'aussi grandes quantités de marchandises à la fois, ils seraient débordés par les frais généraux de l'entreprise, et ne pourraient lutter avec leurs concurrents. La division du travail est encore plus généralement observée dans la fabrication des étoffes de laine, et il s'est formé depuis quelques années de grands établissements de blanchiment auxquels s'adressent tous les fabricants de tissus de laine, et d'étoffes imprimées.

C'est donc à la classe 45 que nous sommes forcés de revenir et le lecteur y retrouvera à côté des étoffes teintes et imprimées, des étoffes semblables blanchies pour la vente en blanc et pour l'impression.

Les quelques remarques que j'ai faites en étudiant les différents procédés en usage aujourd'hui, suffiront au lecteur pour attirer son attention sur quelques industriels plus hardis dans leurs investigations et plus persévérants à la fois que d'autres. Il faut cependant reconnaître que les procédés étant à peu près les mêmes partout, ce n'est que dans les prix de revient que consiste la différence des résultats. Or, il est évident que l'industriel qui agit sur de grandes quantités de marchandises, qui s'adresse à la grande consommation, et qui dispose de capitaux suffisants pour n'être arrêté, ni par le renouvellement d'un matériel considérable qui ne répond plus aux besoins et aux exigences du moment, ni par les chômages forcés qui sont les résultats de chaque crise commerciale, il est évident que celui-là seulement pourra abaisser ses prix et lutter avec avantage contre la concurrence étrangère. La grande industrie peut donc seule exister, se maintenir à la hauteur des progrès et les réaliser sur une vaste échelle au profit de tous. Elle ne peut donner naissance à des castes comme autrefois, car elle ne peut s'isoler : elle a besoin de tous ceux qui paraissent dépendre d'elle, et c'est cette dépendance réciproque qui fait sa force et son utilité. Je crois donc pouvoir dire, en revoyant les merveilleux résultats qu'elle a obtenus, que les colères et les révoltes qu'inspirent à certains esprits le régime commercial qui, grâce à la France, deviendra sous peu une loi commune à tous les peuples, proviennent de la vanité et de l'impuissance des efforts tentés pour nous amener à un système d'inaction déplorable qui nous conduirait rapidement à l'immobilisation et à la perte de toutes nos forces. Ce système est contraire au sentiment de perfectibilité qui a guidé et qui guidera toujours l'humanité, il est surtout contraire à celui de la liberté, et cela seul suffit pour le condamner à tout jamais.

BLANCHISSAGE

PAR D. KAEPPELIN

CHIMISTE, MEMBRE CORRESPONDANT DE LA SOCIÉTÉ INDUSTRIELLE DE MULHOUSE

Quelques-uns de nos lecteurs désirant trouver dans cette revue un aperçu de cet important travail de ménage auquel présidaient autrefois toutes les bonnes maîtresses de maison, je me fais un véritable plaisir d'ajouter à mon étude sur le blanchiment des tissus, un exposé succinct des modifications qu'a subies de nos jours le *blanchissage*, abandonné presque partout à la petite industrie.

Cette opération si importante, au point de vue de l'économie domestique, comme le savent toutes les personnes qui habitent la campagne ou les villes de province où le métier de blanchisseur est encore inconnu, peut se diviser en plusieurs parties qui sont : le trempage, le coulage ou lessivage, le savonnage, le rinçage à l'eau courante et le repassage. Tout se fait encore dans quelques maisons comme au temps jadis : le cuvier en bois pouvant contenir le linge est placé dans la buanderie, auprès d'une grande chaudière dans laquelle bout l'eau de lessive; on y place le gros linge d'abord et le plus fin par-dessus, puis, quand le cuvier est rempli, on le recouvre d'une grosse toile ou *cendrier* que l'on retient au moyen d'une corde autour du cuvier. On remplit la partie concave de cette toile avec des cendres de bois que l'on a conservées à cet effet, puis on verse de l'eau bouillante sur le cendrier; cette eau se charge au contact des cendres de leur partie alcaline (potasse) et traverse le linge dont elle saponifie les parties grasses; on continue à verser de l'eau bouillante jusqu'à ce que le cuvier soit plein, puis on ouvre le robinet placé dans le bas de celui-ci, et l'eau alcaline qui s'écoule est rejetée dans la chaudière où elle s'échauffe de nouveau pour être reportée sur le cendrier, dont on a renouvelé les cendres, et la cuve se remplit et se vide ainsi alternativement pendant les quelques heures que dure le lessivage.

On peut remplacer les cendres par de la potasse du commerce; son action est la même et elle se produit d'une manière plus sûre et plus facile à calculer.

Quand le lessivage est terminé, on enlève le cendrier, on retire le linge du cuvier et on le porte à la rivière ou au lavoir; là, on le rince, on le savonne, et les lavandières, armées de leurs battoirs, le frottent, le frappent de manière à le dépouiller entièrement des souillures et des taches qui n'ont pas été enlevées pendant le lessivage. Le linge est ensuite parfaitement rincé, tordu et passé au bleu dans une cuve d'eau dans laquelle on a fait dissoudre de l'indigo, du bleu de Prusse ou de la gomme mêlée à du bleu d'outremer. Ce bleuissage de l'eau se fait en plaçant les boules de bleu dans un chiffon formant sac et en agitant le tout dans l'eau jusqu'à ce qu'elle ait acquis une coloration suffisante. Cette eau est remplacée par de l'empois d'amidon additionné de stéarine ou d'une solution de borax, quand le linge doit être empesé. On le tord ensuite au-dessus de la cuve et on le fait sécher à l'air ou dans des greniers en le suspendant à des cordes soutenues par des pieux. Les personnes qui connaissent les environs de Paris savent de combien de séchoirs semblables sont couverts les coteaux et les vallées de Viroflay, de Sèvres, de Saint-Cloud, de Suresnes, etc... Après le séchage, le gros linge est calandré ou simplement bien plié et serré dans les armoires; le linge destiné à être repassé est d'abord légèrement humecté au moyen d'un goupillon, puis confié au soin de la repasseuse, dont le travail exige une adresse et une attention des plus grandes.

Ces ouvrières font un métier plus rude qu'on ne le croit généralement, et leurs fatigues sont si grandes qu'un très-petit nombre d'entre elles peut les supporter longtemps.

Telles sont les phases de ce grand travail domestique qui bouleverse deux ou trois fois par an les grands ménages de la province, et grâce auquel nos mères conservaient le linge de leur maison pendant vingt années, tandis qu'aujourd'hui!..... Est-ce à dire que le linge confié aux blanchisseurs de nos grandes villes est soumis à une épreuve trop forte pour que la durée de ses services n'en soit pas nécessairement diminuée, et le travail du blanchissage industriel, est-il réellement inférieur à celui que je viens de décrire dans son ensemble? Non, certes; et ce serait méconnaître les services rendus par la mécanique que de dire que les battoirs de nos lavandières et le frottement qu'elles font subir au linge en le savonnant, ne sont pas des causes d'usure plus rapide peut-être, que nos chaudières à circulation et nos roues à laver, qui laissent toujours le linge dans un milieu liquide qui adoucit les frottements et ménage le tissu. Il faut plutôt attribuer le discrédit que l'esprit de quelques bonnes ménagères jette sur le blanchissage mécanique, à l'emploi inconsidéré que font certains blanchisseurs peu soigneux, de sels alcalins trop caustiques ou de chlorure de soude (eau de javelle) et même d'acide. Ces moyens doivent être rejetés par tous les blanchisseurs consciencieux, quoiqu'ils accélèrent le travail et donnent au linge un blanc plus parfait.

Voyons maintenant si l'industrie n'a pas inventé quelques bons moyens pour faciliter l'opération du blanchissage dans les ménages, et tâchons d'apercevoir dans la galerie des machines quelques appareils qui remplissent le but de la bonne ménagère, quelque rebelle qu'elle soit aux inventions nouvelles. Je m'arrête d'abord devant la *washing-machine* de Thomas Bradfort et Cie, et il suffira que j'en fasse au lecteur la description détaillée pour qu'il en comprenne aisément le maniement. Ce mécanien a cherché à réunir dans le plus petit espace possible tous les moyens de lessiver, de laver, de tordre et de calandrer le linge de maison. A cet effet, il a tout simplement réuni la calandre en bois déjà connue à la roue à laver ou *dashwheel*, qui est employée depuis plus de trente ans dans les établissements des indienneurs. La figure 1 de la page suivante donnera une idée exacte de l'appareil.

EK représentent une caisse en bois octogone, traversée par deux palettes intérieures fixes, qui, étant placées vis-à-vis l'une de l'autre, forcent le linge à se retourner pendant le mouvement rotatoire de la caisse.

DP, couvercle que l'on soulève pour introduire le linge dans la caisse.

F', vis servant à maintenir le couvercle fermé.

A, B, cylindres en bois de la calandre qui se trouve placée au-dessus de la caisse à savonner.

l, l', l'', l''', bâtis en fonte reposant sur des roulettes.

C, manivelle pour faire tourner la roue motrice de la calandre.

Fig. 1.

h, manivelle pour faire tourner la caisse à savonner.

M, poids servant à donner la pression aux rouleaux de la calandre.

Pour se servir de cette petite machine, on procède de la manière suivante : Supposons que l'on ait une douzaine de chemises à laver, ou une quantité de linge équivalente ; on le fait tremper dans de l'eau, on l'introduit dans la caisse par l'ouverture D, on remplit la caisse d'eau de savon bouillante, on referme le couvercle, on le serre au moyen des vis *f, f*; puis on fait tourner la caisse à raison de 20 à 25 tours à la minute, en s'arrêtant après chaque tour un instant, afin de laisser au linge le temps de se déplacer et de frapper contre les parois de la caisse et les palettes de l'intérieur. Un mouvement trop rapide produirait un effet contraire ; c'est-à-dire que, par l'effet de la force centrifuge, le linge, s'écartant toujours du centre resterait immobile contre les parois de la caisse sans éprouver le changement de position indispensable pour produire le battage et le frottement nécessaires à son nettoyage. On manœuvre ainsi pendant 8 à 10 minutes ; on enlève le linge et on le remplace par d'autre pour lui faire subir la même opération. Quand le linge sale a été ainsi savonné, on laisse écouler l'eau de savon et on la remplace par de l'eau bouillante. On tourne la manivelle pendant 3 ou 4 minutes, ce qui suffit à un bon nettoyage, puis on rince dans le même appareil, mais à l'eau froide.

Au lieu de tordre le linge à la main, on se sert, après chaque savonnage, du petit appareil de rouleaux presseurs qui se trouve placé au-dessus même de la caisse à laver. On entoure le rouleau supérieur d'une flanelle, on place au-dessus de l'ouverture de la caisse maintenant immobile, une petite planche qui part du second rouleau et qui sert à faire retomber dans la caisse l'eau de savon à mesure qu'elle s'écoule du linge. On place le poids M sur le levier de manière à donner aux rouleaux toute la pression voulue (c'est-à-dire jusqu'à la marque la plus rapprochée du châssis), puis on imprime le mouvement à la roue et on fait passer le linge entre les deux rouleaux qui en expriment ainsi tout le liquide. Il faut avoir le soin de ne pas toujours faire passer le linge à la même place, entre les cylindres, dans la crainte de les creuser par endroits et de les rendre en fort peu de temps impropres à l'usage auquel ils sont destinés. Lorsqu'on veut se servir des rouleaux pour calandrer le linge, il faut placer le poids M à la dernière marque du levier pour imprimer la plus grande force de pression possible aux rouleaux de la calandre. On enlève ensuite la planchette de la rainure la plus basse pour la placer à la rainure la plus élevée, on retourne la caisse de manière que le fond revienne dessus et puisse servir de table pour placer le linge à calandrer, le préparer, le déplisser, etc.... On fait ensuite passer les différentes pièces de linge bien dépliées, lentement entre les deux cylindres, et on les saisit de l'autre côté de la calandre pour les faire repasser une seconde fois, et même une troisième si on le juge nécessaire à la perfection de l'opération. Quand le linge n'occupe pas toute la largeur de la calandre, il faut le faire passer tantôt à une place, tantôt à une autre, pour en éviter l'usure inégale, comme je l'ai expliqué plus haut.

L'eau de savon se prépare en faisant dissoudre un peu à l'avance une livre de savon dans 4 litres d'eau, et en ajoutant de cette gelée de savon dans l'eau bouillante au moment de s'en servir. Dans quelques ménages on se sert d'une recette fort connue que j'ai vu employer avec succès il y a une quinzaine d'années en Allemagne et en Russie. On délaye une dissolution de 1 kilogramme de savon avec un savon résineux formé de 12 à 15 centilitres d'essence de térébenthine et de 30 centilitres d'ammoniaque, et on ajoute ce mélange à 50 ou 60 litres d'eau chaude (40° centigrades). On trempe le linge dans cette sorte de lessive pendant quelques heures, on le rince d'abord à l'eau tiède, ensuite à l'eau froide, et on obtient ainsi un résultat vraiment satisfaisant.

On peut voir encore à l'exposition anglaise les machines à laver, à tordre et à calandrer le linge de *J. Briggs*, à Leeds, et les machines à laver le linge de la *Compagnie canadienne de Worcester*. Dans la partie américaine je citerai les appareils à laver et à essorer le linge de la *Compagnie métropolitaine* de New-York; ceux de *J. Warder et Cie* de New-York, et encore ceux de *Palmer et Cie*, à Auburn (New-York).

Dans la classe française nous distinguons les savonneuses, les lessiveuses de ménage à pression à vapeur et à circulation automatique de *Juquin*, à Paris, 28, rue Charlot; puis la machine à laver et à dégraisser les étoffes de M. *J. Waszkiewicz*, mécanicien à Paris. La construction de cette dernière petite machine repose sur le même principe que celle de *Bradford et Cie*, et il consiste à faire toucher le linge contre les parois intérieures d'une caisse tournant sur elle-même et dans laquelle on a placé le linge et le liquide dégraisseur. Le dessin de la page suivante représente un de ces appareils.

La caisse A, forme un cube tournant sur lui-même au moyen des tourillons *e*, *e*, placés à deux de ses angles et se mouvant dans les paliers fixés sur le bâti K, K. Le mouvement rotatoire lui est communiqué au moyen d'un volant et d'une petite roue à engrenage. La caisse n'est pas, comme celle de Bradford, partagée intérieurement en compartiments qui arrêtent le linge dans sa chute sur les parois, elle est entièrement vide, et cette chute se fait d'une paroi sur l'autre à mesure qu'elle est occasionnée par le mouvement de la caisse sur elle-même. Elle est donc plus forte que dans la machine anglaise, puisque la distance à parcourir est plus grande. Il ne faut pas que la vitesse de rotation dépasse celle de 25 tours à la minute ; car, de même que pour tous les appareils de ce genre, une trop grande rapidité de mouvement augmenterait nécessairement la force centrifuge, et le linge resterait collé contre les parois

Fig. 2.

de la caisse comme dans l'hydro-extracteur que je décris plus loin. Or donc, s'il n'existe plus de mouvement dans le liquide, il n'y a plus de frottement et par suite pas de nettoyage.

Quant aux appareils employés dans les grandes blanchisseries, ils sont construits de la même manière que ceux dont on se sert pour le blanchiment des tissus écrus ; et les cuves à lessiver que j'ai décrites dans mes précédents articles, servent également à lessiver le linge. Il faut cependant observer ici que le liquide employé pour le dégraissage des tissus doit être moins riche en matières alcalines ; car la saponification des matières grasses qui souillent le linge de maison se fait plus rapidement et avec plus de facilité que celle des corps gras qui existent dans les fibres des tissus écrus. Il est inutile de se servir d'appareils à haute pression ; et une cuve à circulation ordinaire, munie d'un simple couvercle, remplit parfaitement le but que l'on se propose dans le lessivage du linge. Je renvoie donc le lecteur qui a bien voulu me suivre jusqu'à présent dans cette petite exploration du domaine de la maîtresse de maison, à la description des appareils de M. *Tulpin*, de Rouen, et de MM. *Ducommun et Cie*, de Mulhouse, qu'il trouvera dans les fascicules 24 et 25 de nos *Études sur l'Exposition*.

Il me reste encore à parler des moyens employés pour essorer le linge ou les tissus, après leur lavage complet et avant de les faire sécher soit à l'air libre, soit sur des tambours sécheurs, soit enfin sur de simples rames à sécher dont j'ai déjà eu occasion de parler. Le tordage à la main se fait encore dans mainte et mainte localité. Il a pourtant été remplacé par l'expression du linge mouillé entre deux rouleaux, comme dans la machine Bradfort ; mais le meilleur appareil à extraire le liquide du linge est, sans contredit, celui qui a été inventé par *Penzolt*.

Le principe de cette machine repose sur l'emploi de la force centrifuge, qui force le liquide dont une étoffe est imbibée à s'en séparer avec force, quand on fait tourner avec rapidité celle-ci autour d'un point fixe. Le panier à salade de nos cuisinières a sans doute été le point de départ de cet ingénieux appareil, qui est aujourd'hui généralement employé dans tous les établissements de teinture, de blanchiment, d'extraction de matières colorantes, etc... La puissance de ces hydro-extracteurs (diables, essoreuses) est telle, qu'une pièce entière de calicot mouillé, pesant 38 kilogrammes, perd 18 kilogrammes d'eau, après avoir été placée pendant cinq minutes seulement dans l'appareil. La figure suivante représente l'hydro-extracteur de *Penzolt*.

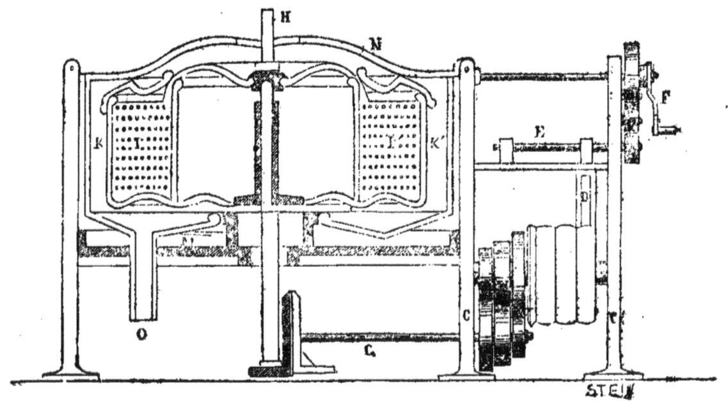

Fig. 3.

C, C', bâtis en fonte de fer qui servent de supports aux arbres qui transmettent le mouvement à la machine par des poulies et des engrenages à plusieurs vitesses. — D, fourche à guide pour la courroie. — E, vis de rappel pour la fourche à guide D. — F, manivelle du canon d'une roue d'engrenage qui transmet le mouvement à un pignon fixé sur la vis de rappel pour accélérer le déplacement de la courroie d'une poulie sur l'autre. — G, arbre qui transmet le mouvement par une roue d'angle à l'arbre vertical H, qui porte l'hydro-extracteur. — H, arbre vertical pivotant du bas dans une crapaudine enfermée dans une boîte à huile et à son milieu dans un bourrelet. — I, I', hydro-extracteur à double cylindre en cuivre rouge, fixé par des clefs sur l'arbre vertical H, et dont la paroi extérieure est percée d'une multitude de trous à travers lesquels la force centrifuge projette l'eau qu'elle enlève aux tissus. — K, K', bâche ou chemise en cuivre servant à recevoir l'eau rejetée qui s'écoule par le tuyau O. — Dès que le tissu mouillé, ou le linge après le lavage, ont été placés dans les compartiments I, I', on imprime à la machine, au moyen de la manivelle F, un mouvement que l'on accélère par le jeu des poulies et des engrenages à plusieurs vitesses, et qui expulse des tissus, en vertu de la force centrifuge, l'eau qu'ils contiennent ; cette eau, à son tour, s'échappe par les trous innombrables dont sont percées les parois extérieures, tombe dans la bâche K, K', et s'écoule enfin par le tuyau O.

Cette machine primitive présente de grands inconvénients, entre autres : le peu de solidité de l'appareil, et la difficulté qu'il y avait à l'équilibrer convenablement sur son pivot. Aussitôt, en effet, que le poids des pièces confiées à cet appareil était un peu plus considérable d'un côté du cylindre que de l'autre, il se produisait des mouvements d'oscillation si violents, qu'il fallait arrêter immédiatement la rotation et chercher un équilibre plus satisfaisant. Des perfectionnements considérables se sont alors introduits dans la construction de ces appareils, peu de temps même après leur apparition dans l'industrie. C'est ainsi que le couvercle de l'hydro-extracteur fut remplacé par des rebords rentrants à la partie supérieure ; que des disques mobiles placés dans le milieu de l'appareil rétablirent l'équilibre rompu par une inégalité de poids provoquée par une disposition imparfaite des pièces. Au lieu de roues dentelées, on se sert de disques ou roues d'angle sans dents, frottant contre un pignon conique également édenté, et n'agissant qu'en raison de leur diamètre. Ce pignon est entouré de cuir pour donner plus d'adhérence aux points de contact, et son diamètre est 4 fois plus petit que celui des roues. La vitesse imprimée à ces dernières étant de 400 tours par minute, on en communique une de 1,500 à l'hydro-extracteur, et c'est grâce à cette vitesse considérable que la force centrifuge acquiert une puissance plus grande et que l'eau s'échappe avec plus de force du tissu dans les pores duquel elle se trouve retenue.

La disposition nouvelle de l'hydro-extracteur mû par friction peut être représentée par la figure suivante :

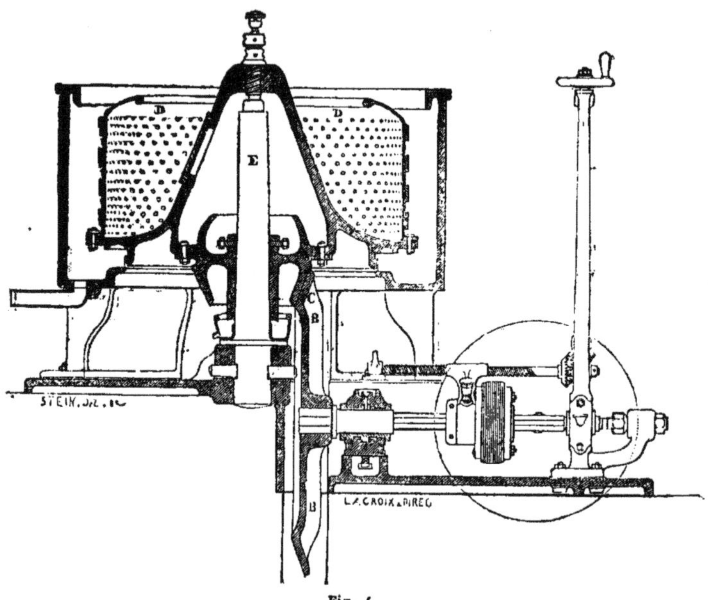

Fig. 4.

A, cône en bois garni de cuir, ou pignon d'angle sans dents.

B, B, disques en fonte ou roues d'angle sans dents fixés solidement sur les arbres par des clavettes.

C, C, poulies en fonte rendues fixes sur le même arbre que les disques.

D, cylindre en cuivre dans lequel on place les tissus à sécher.

E, arbre vertical sur lequel sont fixés le cylindre en cuivre et le cône de friction.

Cette disposition nouvelle de l'appareil est, comme on peut le voir aisément, fort simple ; et c'est d'après ce système que les hydro-extracteurs ont été construits généralement depuis. Les disques B, B sont appuyés contre le cône A au moyen d'une vis de pression qui appuie sur le bout des arbres, et c'est en frottant contre le cône qu'ils lui communiquent le mouvement de rotation dont la vitesse est croissante progressivement.

Plusieurs mécaniciens ont exposé des hydro-extracteurs qui n'offrent rien de particulier; et il nous suffira d'examiner celui de la maison *Ducommun et Cie*, de Mulhouse, qui est un appareil à double friction et qui est représenté par la figure de la page suivante.

Ces habiles mécaniciens ont donné une disposition toute nouvelle à leur hydro-extracteur. Ce n'est plus l'arbre qui tourne avec le cône; l'arbre E est immobile; c'est le panier ou cylindre D qui est lui-même garni intérieurement et à sa partie supérieure d'un pivot en acier A, A, A, A, qui repose sur le haut de l'arbre fixe, comme je viens de le dire. L'équilibre, si difficile à préparer et à maintenir dans les autres machines où l'arbre tourne lui-même avec le cylindre, est plus constant dans le nouvel appareil de MM. *Ducommun et Cie*. Cet hydro-extracteur possède en outre deux frictions, dont l'une (celle de l'intérieur) est invariable, et l'autre (celle de l'extérieur) peut varier, car elle est produite par une poulie de friction en cuir que l'on peut éloigner ou rapprocher à volonté du centre du plateau qui la commande.

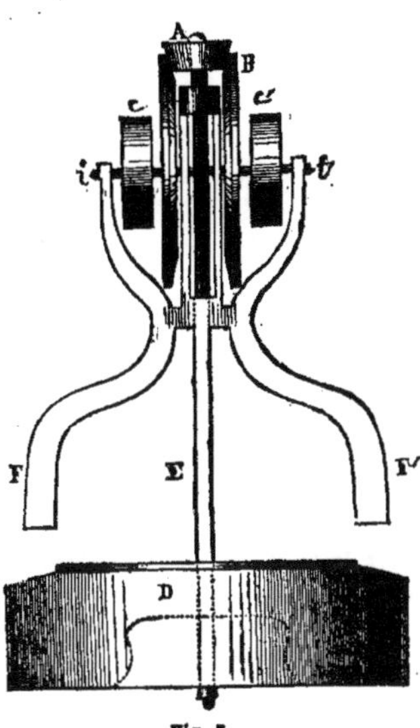

Fig. 5.

J'ai déjà eu l'occasion de citer, dans mes précédentes études, le nom de ces habiles constructeurs-mécaniciens qui ont, de même que M. Tulpin, de Rouen, exposé un grand nombre de machines et d'appareils qui font le plus grand honneur à leur talent bien connu ainsi qu'à leur génie inventif. Dans mon prochain article sur les apprêts, j'aurai à examiner et à expliquer une machine nouvelle sortant de leurs ateliers.

Cet ingénieux appareil, au moyen duquel on élargit les tissus rétrécis par les opérations du blanchiment et de la teinture, est dû à M. *Paul Heilmann*, l'un des associés de la maison *Ducommun*; et c'est avec un sentiment de juste fierté nationale que je suis heureux de répéter encore combien la partie française de notre exposition est riche en appareils nouveaux destinés aux différentes branches de l'industrie.

L'examen rapide que je viens de faire des diverses méthodes qui tendent chaque jour davantage à remplacer le lessivage domestique de l'ancien temps satisfera, je l'espère, le désir exprimé par nos lecteurs, et leur prouvera que l'on doit encourager autant que possible les inventions qui tendent à alléger le travail des bonnes maîtresses de maison. Celles-ci ne doivent pas s'en tenir aux moyens surannés qu'elles emploient encore, mais elles doivent au contraire (si elles ne peuvent vaincre complétement la méfiance que leur inspirent les *blanchisseurs*) chercher au moins à rendre leur propre tâche plus facile, par l'adoption des nouveaux moyens mécaniques qui leur sont offerts par l'industrie. J'espère donc que cette rapide excursion dans le domaine de la modeste mais utile industrie du blanchissage n'aura pas été tout à fait inutile et sans fruits, et qu'elle suffira à donner la mesure de tous les progrès qui y ont été réalisés jusqu'à ce jour.

Je terminerai par un article sur les apprêts cette série d'études que le lecteur a bien voulu suivre avec une bienveillance qui m'a vivement encouragé dans l'accomplissement de la tâche qui m'a été confiée au début de notre grande Exposition, par notre actif et vaillant directeur.

ÉTUDE

SUR

LE BLANCHIMENT, LE BLANCHISSAGE ET L'APPRÊT DES TISSUS

Par D. KÆPPELIN,

Chimiste, membre correspondant de la Société industrielle de Mulhouse.

PLANCHES XXII, XXIII, XXIV, XXV.

Au moment de terminer cette étude, je reçus le supplément au Bulletin de juillet 1868, de la Société industrielle de Mulhouse, dans lequel je lus avec le plus vif intérêt, le rapport de M. Burnat, sur les causes qui ont amené l'explosion des appareils, dits à haute pression, employés dans le blanchiment des tissus de coton.

J'ai remarqué avec une grande satisfaction, que les observations que j'ai faites dans mon article sur le blanchiment des tissus (t. V des *Études sur l'Exposition*, p. 383) sont entièrement d'accord avec les conclusions du savant rapporteur. En effet, je disais que le système à haute pression offrait quelque danger quand la construction des appareils était défectueuse (j'entends par défectueux l'emploi de tôles de qualité inférieure, de rivets à têtes insuffisantes, etc.), et que, à la différence de l'Amérique et de l'Angleterre, où il s'est rapidement vulgarisé, il avait quelque peine à se répandre en France. J'ajoutais que quelques accidents récemment arrivés dans des blanchisseries d'Allemagne et de Russie jetteraient peut-être encore plus de discrédit sur ce genre d'appareils; mais que cependant il suffirait probablement d'un examen approfondi pour remonter à la source du mal, et que c'était plutôt à un vice de construction et à un manque de précaution dans son emploi qu'au système lui-même, qu'il fallait attribuer les accidents qui s'étaient récemment produits.

Je promettais aussi à nos lecteurs, de leur faire connaître le résultat de l'enquête à laquelle la Société industrielle allait soumettre une question aussi grave et qui offrait un si grand intérêt au point de vue de la sécurité des ouvriers qui travaillent dans les ateliers de blanchiment. Je suis donc heureux de pouvoir dès aujourd'hui remplir ma promesse.

Après un examen approfondi de la question, et après avoir observé avec soin les circonstances dans lesquelles se sont produits les terribles accidents d'explosion de chaudières dans les fabriques de MM. Prokoroff, Hübner à Moscou; Schibaeff à Bocharodsk; Juan Francis à Barcelone, et Heyder à Leyde, M. Burnat conclut de la manière suivante : « En résumé, nous pensons qu'il est permis de conclure de l'examen auquel nous nous sommes livré, que les explosions signalées à la Société industrielle, proviennent de ce que les appareils qui en ont été l'objet, étaient mal construits et avec des matériaux de mauvaise qualité. Nous avons montré que parmi les récipients en tôle employés par l'industrie, il en est peu qui soient soumis à des actions destructives aussi puissantes. Il convient de prendre diverses précautions dans le but d'atténuer les effets désastreux de manœuvres maladroites (telles que par exemple celle d'ouvrir brusquement le robinet de la conduite de vapeur), nous les avons indiquées, mais il importe avant tout d'établir d'abord les cuves dans les meilleures conditions possibles. Or, si l'on emploie les tôles les plus résistantes, qu'on ne les charge en aucun cas au delà du sixième ou septième de la charge de rupture, et, ce qui est bien plus essentiel encore, si on assemble ces tôles en suivant les règles indiquées par une saine théorie, il est permis d'affirmer que tout danger sera conjuré.

« Le comité de mécanique a insisté sur la nécessité de ne jamais faire usage de cuves qui ne soient timbrées pour la même pression que celle des générateurs à vapeur. C'est là une précaution très-recommandable.

« Le comité de mécanique, Messieurs, après avoir pris connaissance du travail que j'ai l'honneur de vous présenter a jugé dans sa séance du 24 mars : que la partie concernant l'examen des causes des accidents et des moyens par lesquels ils auraient pu être évités était conforme à sa manière de voir. Le comité vous propose en conséquence l'impression du présent rapport dans nos Bulletins. »

Quant à la supposition que faisait M. Charles O'Neill, chimiste de la fabrique de Schlusselburg, d'un dégagement subit et abondant d'acide carbonique, elle n'a pas été admise par le comité de Chimie de la Société industrielle de Mulhouse. Au paragraphe des Renseignements historiques, M. Burnat dit que le blanchiment à haute pression paraît avoir été vulgarisé en Angleterre vers 1858 à la suite des travaux de MM. Barlow et Pendlebury, qui prirent cette même année deux brevets dans lesquels se trouvent sommairement décrits les systèmes qui sont connus sous leurs noms. Vers 1859 M. Barlow introduisit en France, à Rothau, un premier appareil. C'est à la date du 23 juin 1858, qu'a été breveté le distributeur Barlow.

Mais, avant cette époque, M. Waddington introduisit d'Angleterre en Normandie, dans les années 1839 et 1840, un appareil à lessiver à haute pression, avec une chaudière et un réchauffeur, tandis que ce n'est qu'en 1859 et 1860 que ces appareils font leur apparition en Alsace, et c'est vers la fin de 1861, que MM. Dollfus, Mieg et Cie adoptèrent la haute pression sur une grande échelle et installèrent sept jeux de chaudières dans leur établissement.

C'est en consignant tous ces faits, dans son Mémoire, que M. Burnat ajoute la note suivante : « C'est ici le cas de relever une erreur, qui s'est glissée dans le travail de M. D. Kæppelin, sur les progrès réalisés depuis l'année 1867, en matière de blanchiment et d'impression de tissus. (Lacroix, *Études sur l'Exposition de* 1867, p. 28, tome Ier.) M. Kæppelin dit : C'est en 1860 que l'on a cherché à abréger les opérations de blanchiment, en se servant d'appareils de haute pression. »

J'ai en effet cité la date de 1860, mais, par suite d'une erreur typographique, les mots *en Alsace* ont été oubliés, et je m'empresse de les rétablir ici. Je dis plus loin (ce qui serait me mettre en contradiction avec moi-même), (voir tome V des *Études*, p. 332) que le système Waddington à haute pression était connu depuis près de trente années, que l'on peut en voir les modèles exposés au Conservatoire des Arts et Métiers, et que le système modifié avait été remis en vigueur, depuis quelques années, par M. Barlow et Cie. Je disais précédemment, dans le même article, que le même système avait été adopté, dans les établissements de MM. Rondeaux et Girard, de Rouen, et de MM. Dollfus, Mieg et Cie, de Mulhouse. J'aurais dû, sans doute, indiquer la date précise de ces adoptions, et je m'empresse de réparer cette omission, en disant que l'Alsace a adopté, près de vingt ans après la Normandie, le système à haute pression; mais, comme je l'ai écrit à M. Rondeaux, ce n'est pas là une question de priorité dans l'invention, mais bien dans l'*adoption* d'un système, question à laquelle je m'empresse de faire droit, en publiant la lettre intéressante, qu'il a bien voulu m'adresser il y a quelques jours.

J'espère que ces explications paraîtront suffisantes au lecteur, et je termine cette digression qui m'a semblé nécessaire, en répétant que je suis heureux de m'être trouvé d'accord, dans le principe, avec M. Burnat, et que, dans un travail qui a paru près d'un an avant la publication de son Mémoire, j'ai, pour ainsi dire, prévu les conclusions qui terminent son savant Rapport à la Société industrielle de Mulhouse. En effet (p. 385, tome V des *Études*), je termine mon examen des machines à lessiver par ces mots : Quel que soit le système de lessivage employé, qu'il soit à haute ou à basse pression, le résultat en est à peu près le même, quand on observe convenablement les règles que nous avons précédemment indiquées.

Quelques esprits et des meilleurs, comme celui de mon savant collègue et ami M. C. Koechlin, traitent la haute pression de complément barbare des manipulations du blanchiment. Je crois que c'est là un jugement sévère, et l'expérience que j'ai faite moi-même de ces différents appareils me confirme dans l'opinion que j'ai émise : que l'on ne doit ni rejeter complétement les uns ni préconiser d'une manière absolue l'emploi des autres. Les cuves à haute pression nécessitent une *plus rigide observation des règles de la prudence*, il est vrai ; mais elles introduisent, dans les opérations du blanchiment, une certaine économie de temps et de matières premières, et il est bon d'en tenir compte. J'ai réuni les lettres de M. H. Rondeaux, fabricant à Houlm, qui peuvent servir à l'historique du blanchiment en France, et j'ajoute à ces lettres un aperçu sur la manière d'opérer que cet habile fabricant m'a communiquée ; le lecteur y trouvera donc un double intérêt.

Rouen, le 21 août 1868.

« Le blanchiment à haute pression se pratique en Normandie depuis plus de vingt ans. MM. Henri Barbet, à Deville, Albert Raupp, à Houlm, Rondeaux Poucher, à Bolbec, Girard et Cie à Deville, adoptèrent l'appareil Waddington avec réchauffeur. Aussitôt que ce mode de blanchiment parut, vers 1840, M. H. Barbet, n'ayant pas une chaudière spéciale pour la lessive, eut beaucoup d'ennuis à cause du bain de lessive, qui retournait dans les cuves à garancer; il se défit de son appareil, et mon père, M. Rondeaux Poucher, l'acheta, y supprima le réchauffeur, et accoupla les deux appareils à haute pression.

« En 1848, le travail étant très-abondant, mon père fit blanchir chez des amis, puis à Rouen et à Mulhouse, chez des blanchisseurs à façon ; mais jamais nous n'avons trouvé un blanc meilleur que le nôtre, et souvent même nous en eûmes de moins parfait.

« Lorsque, en 1859, mon père se retira des affaires, je devins l'associé de M. Albert Raupp; je supprimai chez lui le réchauffeur, et depuis neuf ans la lessive a lieu dans deux appareils accouplés sous la pression de 5 atmosphères. Chaque appareil peut contenir 155 pièces de 110 mètres, soit 16 à 17,000 mètres. La lessive commence à 6 heures du matin, et finit à 7 heures du soir ; soit treize heures de durée. Le blanc obtenu est très-bon.

« Je prends la liberté de vous soumettre ces réflexions, afin de vous prouver qu'en Normandie, l'application et le perfectionnement à haute pression datent de plus de vingt-cinq ans. Je dois ajouter que je suis le seul fabricant, je crois, qui pratique ce genre de blanchiment. MM. Girard, à Deville, doivent avoir, je pense, l'appareil et le réchauffeur, comme au début.

Recevez, Monsieur, etc.

HENRI RONDEAUX. »

Rouen, le 21 octobre 1868.

Monsieur KÆPPELIN, à Versailles,

« Les études que vous avez fait paraître m'ont semblé très-intéressantes, et j'ai eu grand plaisir à les lire sous tous les rapports ; aussi, viens-je joindre mes félicitations à celles que vous avez sans doute déjà reçues.

« J'ai entre les mains le tome V des *Études*; j'y lis que le système Waddington est adopté chez MM. Rondeaux, Girard et Dollfus. Cela est parfaitement exact; mais les deux premiers le font fonctionner depuis vingt-huit ans, tandis que MM. Dollfus ne l'ont installé chez eux que depuis huit ou dix ans. C'est la seule différence que j'aie à vous signaler.

« Dans bien des occasions, l'Alsace prend les devants par les innovations; mais dans cette circonstance, la Normandie l'a précédée de bien des années. Le cas ne se présente pas souvent, je l'avoue, mais pour être plus rare, il n'en mérite pas moins, je crois, d'être signalé. Tel a été le but de ma lettre en vous donnant quelques détails que vous auriez fort bien pu ne pas connaître.

Recevez, Monsieur, etc.

Henri RONDEAUX. »

J'ajouterai à ces deux lettres les explications suivantes sur les procédés de blanchiment employés dans la fabrique de M. Rondeaux. Une chaudière à vapeur de 12 chevaux est affectée aux opérations.

Pour la lessive en chaux, la pression de la chaudière est de 2 atmosphères et demie et celle de la cuve de 2 atmosphères.

Pour la lessive en soude et savon, la pression est de 5 atmosphères dans la chaudière et de quatre et demie dans les cuves.

Le temps employé au blanchiment de 34,000 mètres de tissu peut s'évaluer de la manière suivante :

Opération	Durée
Couture des pièces	4 heures
Passage en chaux et entrée en cuves	5 —
Bouillissage en chaux	12 —
Lavage à l'eau Passage en acide Lavage à l'eau Entrée dans les cuves à lessive	12 —
Lessivage en soude et savon de résine	13 —
Lavage à l'eau Passage en chlore Passage en acide Lavage à l'eau	16 —
Total	62 heures.

APPRÊTS

Cette dernière étude terminera la série des articles qui ont paru dans nos *Études sur l'Exposition* de 1867, et qui ont trait à la teinture, à l'impression et au blanchiment des tissus. Les apprêts des différentes étoffes sont le complément indispensable des opérations que j'ai décrites précédemment, et il est rare aujourd'hui, de ne pas voir réunis dans les mêmes fabriques, les ateliers de l'apprêteur et ceux du teinturier ou de l'imprimeur. Tous les fabricants dont j'ai déjà examiné les produits ont presque tous apprêté eux-mêmes les tissus qu'ils ont imprimés ou teints. Il sera donc inutile de revenir sur cette revue, et le but que je me propose en faisant cette étude est de compléter le travail que j'ai entrepris et de donner au lecteur une explication pratique des différentes méthodes employées dans cette branche si importante de l'industrie textile.

Apprêter une étoffe signifie lui donner des qualités nouvelles, étrangères quelquefois à la nature des fibres qui la composent, et nécessaires à l'usage auquel elle est destinée.

C'est ainsi que, selon l'emploi des étoffes, on a été obligé de varier la nature des apprêts et d'imaginer des appareils qui permettent au fabricant de surmonter toutes les difficultés qui se présentaient, et qui sont nombreuses, comme le lecteur pourra s'en assurer en parcourant cet article.

Tissus de coton et de laine.

Les apprêts des étoffes de coton et de chanvre peuvent se classer en apprêts mats, unis, moirés et glacés, élastiques et imperméables, selon l'épaisseur du tissu, et s'il est blanc, teint ou imprimé, l'industriel suit tantôt une méthode, tantôt une autre, d'après les besoins et les exigences de sa fabrication.

Je commencerai par décrire les appareils dont on se sert dans les différentes opérations qui constituent le travail de l'apprêt, puis j'indiquerai leur application à chaque mode d'apprêt des tissus.

Parmi ces appareils il faut distinguer :

Les machines à enrouler;

Les tondeuses;

Les machines à foularder;

Les machines à sécher et à ramer,

Les machines à rames mobiles, c'est-à-dire à mouvement brisé pour apprêts élastiques;

Les machines à humecter;

Les machines à calandrer;

Machine à enrouler. — On appelle ainsi un appareil destiné à l'enroulage des pièces autour d'un cylindre, afin qu'on puisse les transporter partout où les besoins de la fabrication l'exigent, toutes prêtes à subir les opérations subséquentes. Il faut que les pièces n'aient plus de plis, qu'elles offrent donc une surface unie et soient dépouillées de toutes les impuretés qui pourraient nuire au travail. Dans la galerie des machines, j'ai examiné avec soin une machine à enrouler d'un modèle nouveau, sortant des ateliers de la maison J. Ducommun et Cie, de Mulhouse ; et cet appareil est représenté au dixième par la figure de la page suivante.

La pression se communique au rouleau d'enroulage A par friction au moyen de deux crémaillères ; ce qui permet de diminuer le poids P de tension suspendu au rouleau autour duquel a été fraîchement enroulé le tissu.

En appuyant le pied sur la pédale P', la pression est interrompue.

Quatre brosses B, B, B, B, commandées par une seule et même corde, nettoient parfaitement le tissu en enlevant le duvet provenant du tondage.

Un élargisseur à vis E, placé à l'entrée de la machine, fait disparaître les plis qui se trouvent dans l'étoffe avant l'enroulage.

L'étoffe placée en R passe, quand la machine est en mouvement, sur la règle léargisseuse EE, sous les brosses B, B, B, B, puis va s'enrouler en A. Il suffit de

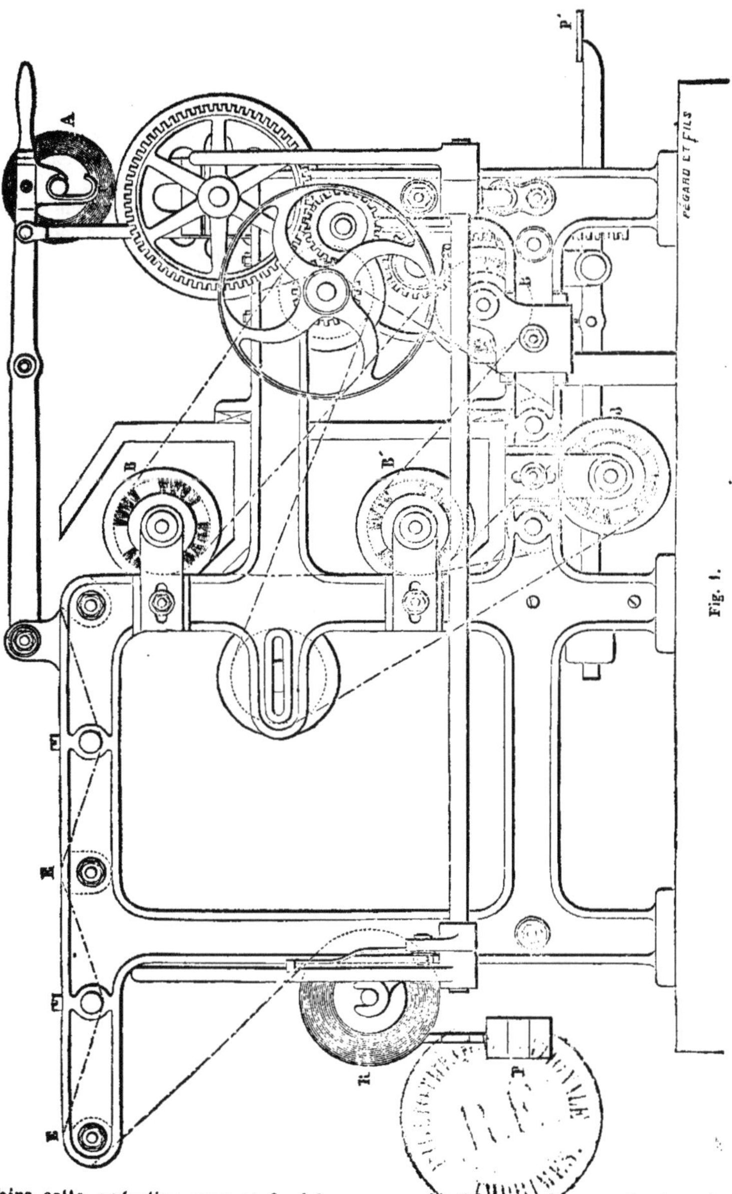

Fig. 1.

faire cette opération une seule fois pour que le tissu soit bien nettoyé après l'opération du tondage.

Tondeuse. — La tondeuse est un appareil destiné à enlever le duvet qui recouvre la surface d'une étoffe, et qui pourrait nuire aux opérations de la teinture et de l'impression, et, par suite, à la beauté de la couleur et à l'apprêt des tissus. On passe les étoffes à la tondeuse après le blanchiment, avant l'impression, et quelquefois après la teinture. En effet, il arrive souvent que cette dernière opération fait ressortir à la surface du tissu un nouveau duvet qu'il est important d'enlever pour que le lustre et l'éclat des nuances n'en soient pas ternis.

Autrefois le travail du nettoyage était fait par des femmes qui enlevaient, au moyen de ciseaux courbés, toutes les inégalités qui se trouvaient sur les pièces. Ce travail fait à la main était très-imparfait, inégal, et l'ouvrière qui en était chargée endommageait le tissu ou laissait échapper des plis et des nœuds. On a renoncé à ce travail manuel il y a plus de trente ans, époque à laquelle M. Courlier inventa la première tondeuse mécanique. Cet admirable appareil fut peu à peu modifié selon les besoins de l'industrie et put servir à tous les tissus de laine ou de coton. Il consiste en un couteau composé de plusieurs lames tournées en hélice dont le pas est égal à la largeur de la toile à tondre. La pièce qui est enroulée à l'avance passe entre des règles de tension, sur un cylindre tendeur, sur des brosses cylindriques, et enfin sous le couteau mû rapidement par un moteur mécanique; après la tonte la pièce repasse sous une nouvelle brosse qui enlève le duvet et va s'enrouler sur un rouleau placé à l'autre bout de l'appareil après avoir passé sur une règle élargisseuse.

Toutes les tondeuses que l'on a construites depuis sont faites d'après le même principe, et, parmi celles qui étaient exposées dans la classe 59, j'ai surtout remarqué la belle tondeuse qui sortait des ateliers de MM. Ducommun et Cie, de Mulhouse. Ces habiles mécaniciens, qui savent que pour nettoyer la surface des tissus il faut souvent les faire passer deux ou trois fois à la tondeuse mécanique, ce qui cause une perte de temps considérable, ont eu l'idée de construire un appareil auquel ils ont adapté deux porte-lames. Ceux-ci fonctionnent à une distance qui permet à l'ouvrier de lever chacun d'eux séparément, lorsque la jonction de deux pièces se fait sous les lames.

Pour obtenir avec cette machine représentée par la figure de la planche XXII deux tondages dans un seul passage de l'étoffe, on opère de la manière suivante :

La toile est enroulée en A' ou amenée en plis sur le chariot A'. On la fait passer sur quelques règles d'embarrage, *b*, *c*, *d*, pour la tendre dans le sens de la largeur et en enlever tous les plis.

Elle passe ensuite en se relevant sous la brosse *f*, qui en relève le duvet, puis elle se présente à un premier porte-lames G, qui rase le duvet relevé.

Le tissu en quittant ce premier porte-lames redescend, puis se relève pour passer à côté de la brosse *f'*. Celle-ci enlève la partie du duvet tondu qui est restée attachée au tissu, et en même temps relève celui qui n'a pas été tondu par le premier porte-lames *g*. L'étoffe se présente ensuite au second porte-lames H, où elle est tondue une seconde fois, puis elle est dirigée, au moyen de deux roulettes *i* et *k*, vers l'arrière de la machine où elle est nettoyée par les deux brosses *t* et *m*. Elle s'enroule ensuite en *n*, après avoir été parfaitement nettoyée et dépouillée de tout duvet.

La manœuvre des porte-lames se fait par un ouvrier qui est placé en avant de la machine, et qui agit sur les leviers *p* et *o*, sans qu'il ait besoin de se déplacer. Il en est de même pour abaisser les tables *s* et *t*; il suffit de presser sur les leviers *q* et *r*.

La tondeuse à deux porte-lames de MM. Ducommun et Cie, que je viens de décrire, peut remplacer trois tondeuses à un porte-lames, car le second porte-lames enlève deux fois autant de duvet que le premier. Dans les nombreuses fabriques dans lesquelles elle fonctionne aujourd'hui, son emploi a été reconnu comme étant des plus avantageux, et il arrive fréquemment que les habiles constructeurs que je viens de nommer sont appelés à faire à des tondeuses simples l'application d'un second porte-lames. Ce seul fait suffit pour faire apprécier la supériorité de cette innovation.

Machine à élargir les tissus. — Cette machine que j'ai signalée à l'attention de nos lecteurs dans le Tome II de nos *Études*, p. 95, est la seule de ce genre que j'aie eu l'occasion de voir à l'Exposition. Elle sort aussi des ateliers de la maison Ducommun Cie, de Mulhouse, et c'est à M. Paul Heilmann, l'un des associés de cette importante maison, qu'on en doit l'invention. Les étoffes de coton qui ont passé par les opérations du blanchiment, de l'impression et de la teinture, subissent dans leurs dimensions des variations qui sont souvent nuisibles à ces mêmes opérations, et tendent presque toujours à un rallongement produit par les tractions plus ou moins fortes auxquelles on les a soumises. On a donc dû songer à obvier à ce grave inconvénient, et à rendre au tissu sa largeur primitive, car c'est aux dépens de celle-ci que la pièce gagne en longueur. Cette largeur invariable du tissu en manutention est indispensable à la bonne réussite de l'impression des rentrures, et en outre elle est souvent réclamée par les exigences de la vente. Les fabricants ont construit des machines à élargir analogues à celles des *rames* à apprêter et qui sont surtout faites en vue de disposer la trame de l'étoffe à droit fil, soit avant, soit après l'impression. Parmi les plus ingénieux entre ces appareils, je rappellerai le tambour à ramer, à sécher, à chaîne sans fin de M. Tulpin constructeur de Rouen dont j'ai parlé p. 92 du tome II de nos *Études*. Mais comme le dit avec beaucoup de raison M. E. Burnat dans son rapport à la Société industrielle de Mulhouse dans la séance du 25 septembre 1867, l'action de ces appareils trouve une limite dans la résistance des lisières qui forment la seule partie saisissable du tissu.

M. Heilmann a eu l'idée d'agir sur toute la largeur du tissu et d'exercer une pression qui, en distendant les fils d'une manière régulière, permet de la régler selon les besoins du moment, je laisse la parole à M. Burnat, et j'emprunte le passage suivant à son rapport :

« Cherchons à donner une idée du principe de la machine, en renvoyant pour les détails à la description et à la planche qui se trouvent jointes à ce rapport. Deux rouleaux en fonte superposés, ayant pour longueur de table la largeur du tissu, présentent une série de cannelures perpendiculaires à leur axe ; ces cannelures sont disposées de telle sorte que les saillies de l'un de ces rouleaux entrent dans les creux de l'autre. Des vis de réglage manœuvrées par une manivelle permettent de régler l'écartement de ces deux rouleaux et de les déplacer parallèlement à leur axe. L'un de ces rouleaux est muni d'une enveloppe en caoutchouc qui l'enroule totalement et est fixée aux deux extrémités vers les tourillons du rouleau de façon à rester bien tendue sur la surface des cannelures, lorsque le rouleau qui le porte est dégagé. Ceci posé, on conçoit que si l'on applique l'un des rouleaux contre l'autre, le manche en caoutchouc sera étiré dans le sens de sa longueur, et si le tissu est passé entre ces deux cylindres, la propriété du caoutchouc d'être très-adhésif aura pour conséquence l'étirage du tissu dans le sens de sa largeur. Ce tissu sera pincé entre le caoutchouc et les sommets des cannelures du rouleau supérieur; plus on rapprochera les deux rouleaux, plus aussi la longueur de tissu comprise entre les cannelures devra augmenter, car les points pincés ne glisseront pas sensiblement ; en augmentant cet effet on arrive aisément à la rupture du tissu par une série de lanières parallèles aux fils de la chaîne. »

Les figures 1 et 2 de la planche XXIII donnent une idée exacte de cet ingénieux appareil. Je les dois à l'obligeance de M. Heilmann lui-même, qui s'est empressé de me les communiquer à la première demande que je lui en ai faite.

La pièce placée en A est dirigée sur la règle élargisseuse, E, pour être bien *embarrée* et soumise à une traction en long, puis de là entre les rouleaux R, R' en fonte à cannelures transversales. Celui R est recouvert d'une chemise en caoutchouc qui, par suite de la pression qui s'exerce sur elle, tourne peu à peu sur le rouleau qui la porte, ce qui est indispensable à la marche de la machine. Ce mouvement est rendu possible par une poulie à gorge, autour de laquelle la chemise est ligaturée. Cette poulie est folle sur une vis qui est entraînée avec l'arbre au moyen d'une cale et retenue par un écrou.

Il arrive que l'on recouvre aussi le rouleau R d'une chemise semblable quand il s'agit de tissus délicats. La pièce en quittant les rouleaux cannelés va s'enrouler autour du rouleau B, ou bien elle est dirigée sur le plieur P qui est mû par la courroie qui passe sur la poulie *p*.

C, est le rouleau de contact, sur l'axe duquel est fixée la poulie *c*;

D, est la fourche de débrayage manœuvrée pour le levier *l*;

F, F', représentent les poulies motrices, fixe et folle, montées sur l'axe du rouleau inférieur qui porte à l'autre extrémité la poulie *f*.

M, est la manivelle qui permet de régler la distance entre les rouleaux R, R'. Les coussinets *m*, *m* du rouleau inférieur sont fixes, tandis que ceux de l'axe *a'* peuvent glisser dans une rainure ménagée dans le bâti.

L'extrémité des deux vis V, V' entre dans les deux coussinets et y est maintenue au moyen d'une bague goupillée permettant ainsi à la vis de tourner, tout en forçant le rouleau de suivre les vis dans leur mouvement de hausse ou de baisse. Les vis passent dans les écrous E, E, et portent à la partie supérieure des pignons coniques, *n*, *n*, mis en mouvement par les pignons *n'*, *n'*, montés sur l'axe O de la manivelle. Des goupilles forcent les collets *s* et *s'*, et par suite l'axe O à suivre les vis dans leur mouvement et servent en même temps à caler les pignons *n*, *n*.

Plusieurs de ces appareils (une trentaine environ), fonctionnent dans différents établissements d'Alsace et de Normandie, et les résultats que l'on obtient en en faisant usage suffisent pour leur assurer désormais une place importante dans l'industrie des toiles peintes. Je crois utile de donner sous la forme d'un tableau le résultat des expériences qui ont été faites par M. Burnat sur l'élargisseur de M. Heilmann. Ce tableau (Voy. p. suiv.) est emprunté au rapport que j'ai déjà cité.

Quand les tissus sont apprêtés, c'est-à-dire encollés, et qu'ils offrent trop de raideur, on emploie cet appareil pour briser leur apprêt, et leur donner en même temps un léger lissage tout en les élargissant. — Leur longueur ne subit pas de modifications sensibles, quand l'étoffe a été bien embarrée, comme je l'ai précédemment recommandé, avant de passer sous les rouleaux élargisseurs.

Machines a foularder. — On appelle ainsi les machines ou appareils au moyen desquels on imbibe l'étoffe que l'on veut apprêter du mucilage préparé à cet effet. Autrefois ce travail était fait à la main, mais on comprend qu'il ne pouvait être régulier, et que certaines parties du tissu devaient retenir plus d'empois que d'autres. Aujourd'hui surtout que les pièces à apprêter ont généralement 100 mètres de longueur, l'emploi d'appareils se manœuvrant avec régularité est devenu indispensable.

Ces appareils consistaient dans le principe en un baquet contenant le liquide servant d'apprêt, et ayant à sa partie inférieure un rouleau en cuivre sous lequel passait la pièce que l'on avait eu le soin de bien enrouler, et de faire passer sur une règle élargisseuse au moment de l'engager dans l'appareil. En sortant du liquide, la pièce passait entre deux cylindres en cuivre et y subissait une pression que l'on pouvait augmenter selon les besoins du travail ; puis de là elle s'enroulait sur une bobine placée au-dessus de l'appareil. Les rouleaux presseurs étaient enveloppés d'une chemise de toile destinée à donner plus

PRODUCTION THÉORIQUE PAR HEURE : 9 A 10 PIÈCES DE 100 MÈTRES.

ESSAIS Nos	QUALIFICATION DU TISSU.	ÉTAT DU TISSU.	NOMBRE DE PASSAGES.	LARGEUR.		ÉLARGISSEMENT OBTENU.	OBSERVATIONS.
				AVANT.	APRÈS.		
				mm	mm	mm	
1	60 portées, 19 fils..	Imprimé non apprêté...	1	760	785 à 790	25 à 30	S'est déchiré après un élargissement de 30 millimètres.
2	Percale 50, 80 portées, 26 fils.....	Id.	1	850	875	25	N'a présenté aucune déchirure.
3	60 portées, 20 fils..	Imprimé, apprêté, non humecté. .	1	770	780 à 785	20 à 25	Le tissu, après cylindrage, humectage et pliage, avait repris sa largeur de 770 à 775.
4	Id.	Id.	2	780	810 à 815	30 à 35	Le tissu, après les mêmes opérations, avait son apprêt brisé.
5	Percale 50........	Apprêté humecté.....	1	830	860	30	Après cylindrage et pliage, la pièce avait 870 millim. de large.
6	60 portées, 19 fils..	Blanc, apprêté........	1	750 à 760	780 à 790	30	Elargissement total en 2 passages : 50 millimètres.
»	Id.	La même pièce, après un 2e passage.	1	780 à 790	800 à 810	20	
7	Percale 50........	Id.	1	810 à 820	850 à 860	40	Elargissement total en 2 passages : 55 à 60.
»	Id.	La même pièce, après un 2e passage.	1	850 à 860	870 à 875	15 à 20	
8	Id.	Imprimé non apprêté...	1	810	860	40	Elargissement en 2 passages : 70 millimètres.
»	Id.	Après un 2e passage...	1	860	890	30	
9	60 portées, 19 fils.	Imprimé non apprêté...	1	750	770	20	Elargissement total : 40 millimètres.
»	Id.	La même pièce, après un 2e passage.	1	770	790	20	La même pièce apprêtée et cylindrée avait 78 centimèt. après pliage. Une coupe semblable non elargie n'avait que 77 après le cylindrage et le pliage

d'élasticité à la pression. La modification apportée à ce genre d'appareil consiste en un meilleur mode de construction, et surtout en ce qu'il est possible d'apprêter aujourd'hui les étoffes à volonté , d'un seul ou des deux côtés, sans avoir recours aux machines à imprimer. La figure de la planche XXV représente un foulard à apprêter qui a été construit, par M. Tulpin de Rouen, et qui répond parfaitement à tous les besoins de la fabrication.

B,B,B,B, représentent le bâti en fonte ayant un double appareil de pression par levier LL, et par le haut en H.

AA représente l'auge dans laquelle est versé le liquide d'apprêt.

R est un rouleau fournisseur qui plonge dans le liquide.

R' est un rouleau gravé en mille points de mille raies, qui se recouvre de l'apprêt, et le porte sur le tissu que l'on fait passer entre le rouleau R' et le rouleau presseur R''.

La râcle enlève au rouleau gravé l'excédant d'apprêt, et ne laisse que la partie qui remplit les traits de la gravure.

La pièce va s'enrouler autour de la bobine placée au-dessus de l'appareil en se dirigeant en Q. Si les besoins du travail nécessitent un placage en plein bain, il est facile d'y satisfaire en faisant passer la pièce sous le rouleau fournisseur R.

La figure suivante représente un foulard à apprêter les tissus de Roubaix;

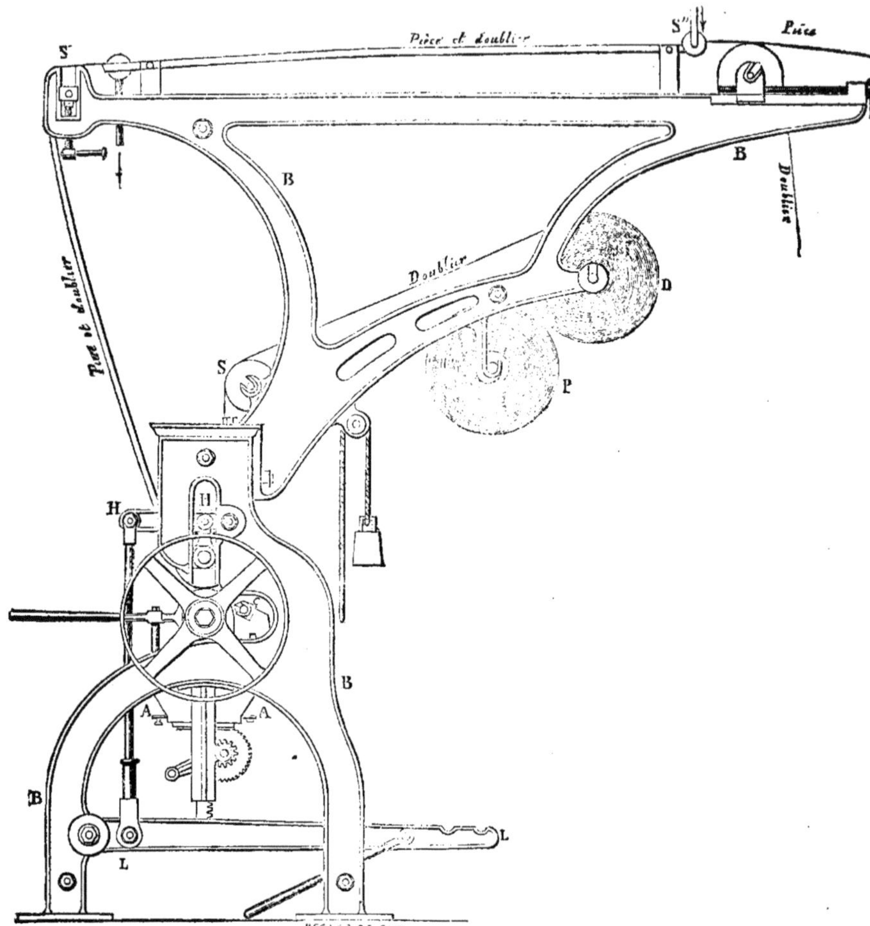

Fig. 2.

et comme elle l'indique, la bobine D est celle autour de laquelle sont enroulés les doubliers, et la bobine P, celle autour de laquelle s'enroulent les pièces. Elles se déroulent en même temps en passant sur la roulette S, et vont s'engager entre les rouleaux R' et R'', en présentant la surface du tissu à apprêter à la surface gravée et imprégnée d'apprêt du rouleau R'. Le tissu et le doublier marchent de conserve sur les roulettes de conduite S', S'', et se séparent en S', le doublier, pour être enlevé et lavé, et la pièce pour être séchée immédiatement au moyen de différents appareils appropriés à la nature des tissus et au genre des apprêts.

Le doublier sert à enlever au tissu l'excédant d'apprêt, et à l'empêcher de souiller le rouleau de pression R‴ et les roulettes de conduite. Il rend aussi la perméabilité de l'étoffe à l'apprêt plus uniforme et plus régulière.

Machines a humecter. — Il est souvent nécessaire pendant le cours de la fabrication, de communiquer aux pièces un certain degré d'humidité qui les rend plus facilement maniables et plus propres à subir les opérations subséquentes auxquelles on les soumet. C'est ainsi qu'avant l'enroulage pour le calandrage, pour l'apprêt et pour l'impression, on est forcé d'humecter les pièces afin de les assouplir. L'ouvrier faisait ce travail autrefois tantôt au moyen d'un goupillon, tantôt en lançant de l'eau dont il remplissait sa bouche, en gerbe qui retombait en pluie sur la pièce. Ces moyens sont très-imparfaits, et les pièces étaient inégalement humectées, malgré le soin que l'on prenait de les laisser entassées pendant quelque temps avant de continuer le travail, afin que les parties plus mouillées puissent communiquer leur humidité à celles qui l'étaient moins. Parmi les appareils que l'on a imaginés pour remplacer le travail manuel, je citerai celui que j'ai vu fonctionner tout récemment dans l'établissement de M. Hofer de Morschmiller près de Mulhouse, et dans quelques autres fabriques de l'Alsace. Il a été construit dans les ateliers de M. Tulpin de Rouen, et je dois à ce constructeur mécanicien de pouvoir en donner au lecteur le dessin (*Pl.* XXIV). La pièce part de D, passe sous le système d'embarrage EEEE, (*fig.* 1), de là sur la roulette de conduite R, puis sous le rouleau ou tambour TT, pour aller s'enrouler autour de la bobine V.

Dans le petit appareil d'humectage, SS' représente le rouleau surmonté de brosses ou de pinceaux d'humectage qui viennent plonger dans la bassine à eau *A'B'*; *AA'* est une toile métallique à travers laquelle l'eau est projetée, avant de retomber en pluie fine sur la pièce, pendant son passage de *R* en *R'*.

L'arrivée d'eau qui se fait par le tuyau *X* doit être réglée de manière à ce que son niveau dans la bassine soit bien établi, et que l'extrémité des soies de la brosse d'humectage ne trempe pas de plus de $0^{m},005$; un tuyau de trop-plein *a* sert à l'écoulement du liquide excédant.

Un tube recourbé en verre *d* est placé en dehors de la bassine d'humectage et indique la hauteur du niveau de l'eau qui doit toujours rester le même.

La planchette mobile *b*, placée sur l'axe du rochet *c* (*fig.* 1 et 2), peut être plus ou moins inclinée, afin de démasquer à volonté la toile métallique qui sert à tamiser l'eau projetée par la brosse d'humectage. Des numéros placés sur le dit rochet indiquent cette inclinaison.

Les soies du rouleau d'humectage rencontrent, pendant sa rotation, l'arrêt D', et c'est en s'échappant de cet arrêt qu'elles lancent l'eau dont elles sont imbibées contre la toile métallique AA' sur une largeur plus ou moins grande, selon la position qu'occupe la planchette mobile *b*.

On fait plonger les soies de la brosse d'humectage plus ou moins profondément dans l'eau de la bassine, selon que l'on a besoin d'un humectage plus ou moins fort.

Le mouvement communiqué par la force motrice de l'établissement à la poulie TT' se communique au moyen d'une courroie au rouleau d'humectage SS, et plus il y aura de différence entre les axes de la poulie et de ce rouleau, plus la force de projection des brosses d'humectage sera augmentée.

Cet appareil fort ingénieux, comme on le voit, est d'une grande simplicité et fait honneur à l'esprit inventif de son constructeur. J'ai pu me rendre compte par moi-même de son utilité constante dans les différentes phases de la fabrication, et je me plais à la constater, en remerciant MM. Tulpin aîné, et ses fils, de m'avoir donné une nouvelle occasion de les citer dans ce recueil.

MACHINE A APPRÊTER, A MOUVEMENT BRISÉ POUR LES APPRÊTS ÉLASTIQUES. — Ce genre de machines est employé pour les tissus légers, tels que jaconas, mousselines, organdi, barége, etc., chaque fois qu'au lieu d'un apprêt qui maintienne une certaine roideur dans les fibres du tissu, on désire au contraire une souplesse et une élasticité qui s'accordent mieux avec leur légèreté, et les empêchent de se fripper au moindre contact. J'étais en Russie à l'époque où ce genre d'apprêt fut adopté généralement en France et en Allemagne, et à la vue des échantillons qui me furent présentés, j'avoue que je fus embarrassé de savoir de quelle manière cet apprêt avait été produit. En faisant moi-même des échantillons, il m'arriva d'en sécher un d'entre eux devant un poêle, en le tenant à la main, et en lui imprimant un mouvement de va-et-vient dans le sens de la chaîne. J'avais trouvé la solution du problème que je cherchais, et je fis immédiatement construire des rames dont un côté était mobile et pouvait être mû dans le sens horizontal sur des roulettes fixées au-dessous des barres à picots dans le sens de la longueur de la pièce. Depuis lors, ces appareils furent modifiés dans plusieurs établissements, et les dessins de la page suivante donneront au lecteur une idée générale de la construction de ce genre d'appareil.

La figure 3 de la page suivante représente une de ces machines vue de côté;

La figure 4, sa coupe transversale;

La figure 5, le plan.

Parmi les industriels qui modifièrent le plus heureusement ce genre d'appareils, je citerai en première ligne M. Schreiber de Saint-Quentin qui s'attacha à leur donner un mouvement progressif.

Le mouvement d'écartement des barres est produit dans les anciennes machines au moyen de courroies qui sont attachées aux barres porte-picots ou porte-pièces, passent sur des poulies et vont s'enrouler sur un arbre longitudinal; en tournant celui-ci sur son axe dans un sens ou dans un autre, on produisait l'écartement voulu sur toute la longueur de la pièce. Dans l'appareil de M. Schreiber, ce mouvement est communiqué aux crémaillères à l'aide d'un arbre longitudinal, de vis sans fin et de pignons, et il peut se produire mécaniquement.

M. Sulzer, de Winterthur en Suisse, a aussi cherché, il y a une douzaine d'années, à améliorer la construction de ces machines à apprêter les tissus organdi. La principale modification qu'il y a apportée consiste à remplacer les aiguilles des barres porte-picots, par des pinces reliées ensemble par un ruban d'acier formant couloir. Ce ruban d'acier est serré entre les pinces et les plaques servant de conducteurs. Quatre poulies dirigeant les rubans à pinces sont placées verticalement, de sorte que ceux-ci peuvent suivre une direction oblique, c'est-à-dire en inclinaison relativement à l'axe de la machine. Le mouvement des poulies est transmis mécaniquement à la chaîne à pinces, par un mouvement à friction, de manière que les rubans métalliques ne soient pas trop tendus et ne se brisent pas.

Chaque fabricant modifie les appareils qu'il emploie à mesure qu'il découvre de nouvelles améliorations à introduire dans leur construction, et plusieurs y attachent même une assez grande importance pour les tenir secrètes.

TAMBOUR A RAMER ET SÉCHER A CHAÎNE SANS FIN. — J'ai donné dans le Tome II des *Études*, page 92, et à la planche V, la description de cet appareil qui peut remplacer avec avantage les tambours à sécher ordinaires et les rames à apprêter à chaîne sans fin que l'on emploie encore dans un grand nombre d'établissements. Ce tambour offre à l'industriel les avantages d'une marche régulière et rapide et d'une grande économie de combustible. En effet, comme cela a été prouvé il y a plus de trente ans, à l'époque où la méthode de sécher les tissus au moyen de grands tambours remplis de vapeur à haute pression fut

adoptée en Normandie, puis en Alsace, l'évaporation de l'eau que retient le tissu **à sécher est par kilogramme de** houille employée au chauffage de l'appareil

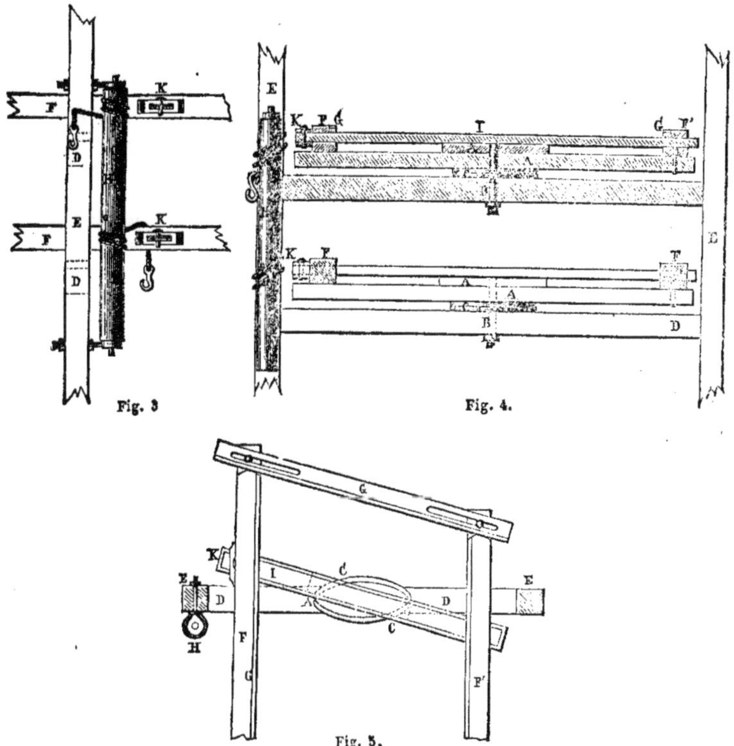

Fig. 3

Fig. 4.

Fig. 5.

A représente des traverses mobiles pivotant au centre et supportant les barres longitudinales portant les picots qui retiennent la lisière de la pièce.

B, prisonnier fixe dans les traverses D des bâtis de la machine et servant de pivot aux traverses mobiles A.

C, plate-forme servant de point d'appui aux traverses mobiles A.

D, traverses fixes des bâtis et reliant les montants E.

E, montants fixes des bâtis.

F, F', barres longitudinales porte-picots; celle F' est à position invariable dans la largeur, celle F est mobile et soumise à un effet de traction servant à tendre le tissu piqué.

G, place des picots.

H, rouleau autour duquel s'enroule la corde de tension de la barre longitudinale porte-picots F et celle de tension du rouleau même.

I, partie supérieure des traverses A.

K, coulisseau de la barre longitudinale porte-picots.

Quand le tissu est imprégné d'apprêt à la machine à foularder, ou au foulard à apprêter, on l'accroche aux picots par ses lisières, on le tend dans sa longueur, puis on donne aux barres porte-picots FF' un mouvement de va-et-vient qui donne la brisure à l'apprêt, et le rend élastique. Il ne faut pas continuer le mouvement de va-et-vient jusqu'à dessiccation complète de la pièce, car l'apprêt serait trop brisé et ne donnerait plus la rigidité nécessaire aux pièces.

Quand on veut obtenir un apprêt ordinaire non élastique, on ne donne aucun mouvement aux barres porte-picots, et on laisse sécher la pièce librement. La chaleur nécessaire à une dessiccation rapide est produite par des tuyaux de vapeur qui longent la partie basse de l'appareil dans toute sa longueur, et la vapeur qui se dégage des pièces est enlevée au moyen de ventilateurs placés au-dessus des pièces.

de 3^{k},03 d'eau sur les grands tambours, tandis qu'elle n'est que de 2^{k},45 sur les appareils à 6 cylindres en cuivre dont on se sert encore dans bien des fabriques.

Machines a calandrer. — Le calandrage ou cylindrage est une opération qui a pour but de donner aux tissus apprêtés une surface unie, plus ou moins lustrée, selon le genre d'apprêt que l'on veut produire. Les calandres servent aussi à étendre uniformément les tissus qui sont destinés à l'impression à la planche.

Ces appareils sont formés de rouleaux superposés, dont l'un creux est en cuivre ou en fonte, pour être chauffé par la vapeur, et l'autre en bois ou en carton. Le remplacement des cylindres en bois par ceux en carton, employés généralement aujourd'hui, est dû aux Anglais qui s'en servirent les premiers, il y a plus de quarante ans. La pièce en passant entre ces deux cylindres est fortement comprimée, et sa surface devient unie, lisse et même brillante, si l'apprêt dont l'étoffe est enduite est résistant, et contient des matières susceptibles de recevoir un certain poli au frottement, comme la cire, le spermaceti, ou la stéarine. M. Charles Dollfus perfectionna ces machines en 1830, et, comme le fait ressortir M. Joseph Koechlin dans le rapport qu'il fit au nom du Comité de mécanique de la Société industrielle de Mulhouse, dans la séance du 24 octobre 1830, les améliorations qui résultèrent de l'emploi des nouvelles machines furent considérables. On put au moyen de ces calandres passer deux pièces à la fois et faire ainsi deux fois autant d'ouvrage dans le même temps ; supprimer au moyen d'un plieur mécanique le travail de l'ouvrier plieur, ou même recevoir les pièces calandrées sur un rouleau au lieu de les plier à la main, comme cela se faisait presque généralement ; et, enfin, empêcher que les mains de l'ouvrier ne puissent être prises entre les rouleaux, pendant qu'il dirige le mouvement des pièces. Deux planchettes placées près du point de jonction des deux cylindres, formant entre elles un angle de 75°, et se joignant assez pour laisser passer seulement la pièce et non les doigts, préviennent la possibilité de ces accidents déplorables qui n'arrivaient que trop souvent. Ces machines ainsi améliorées sortaient des ateliers de construction de MM. Witz, Blech et Cie, à Cernay, et leur emploi se généralisa bientôt dans nos grandes fabriques d'indiennes. Depuis lors de notables changements furent encore introduits dans la construction de ces appareils, et je crois qu'en donnant au lecteur la description d'une calandre perfectionnée, comme on les emploie aujourd'hui, je résumerai les améliorations qui se sont faites successivement dans la construction de ce genre d'appareils.

La calandre ordinaire sans friction se compose de deux rouleaux en papier, séparés l'un de l'autre par un canon en fonte chauffé par la vapeur. La pression s'exerce par double pression, par en dessus.

La calandre à friction à trois cylindres se compose d'un fort rouleau en fonte non chauffé au-dessus duquel se trouvent un rouleau en papier, puis un troisième rouleau en fonte appelé vulgairement canon et qui est chauffé au moyen de la vapeur. Cette machine peut également servir de cylindre ordinaire, et travailler sans friction. Dans le système adopté par M. Tulpin, la pression se fait aussi par double levier, se donne de bas en haut comme dans les machines à imprimer, ce qui permet de donner aussi peu de pression que l'on veut, et c'est là le principal avantage des machines qui sortent des ateliers du constructeur rouennais.

La figure 6 représente une calandre à friction à cinq rouleaux, employée surtout pour les articles dits *rouenneries*, et aussi pour l'article doublure, la *lustrine*. Elle se compose d'un fort rouleau en fonte non chauffée, placé dans le bas de l'appareil, surmonté d'un rouleau en papier, d'un rouleau en fonte appelé canon que l'on chauffe à la vapeur, au-dessus duquel se trouve un se-

cond rouleau en papier surmonté lui-même d'un fort rouleau en fonte. Le but des deux forts rouleaux en fonte est de maintenir la rigidité des rouleaux en papier.

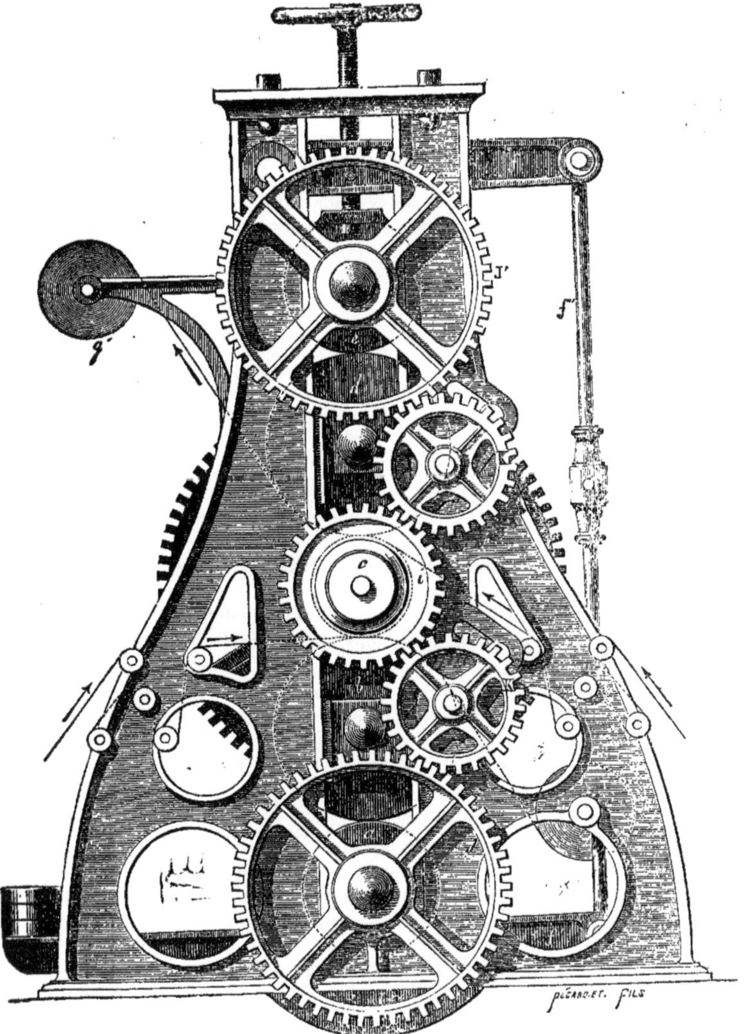

Fig. 6. — Calandre à friction à cinq rouleaux.

a. Rouleau en fonte ou massif, destiné à empêcher la flexion du rouleau en papier *b*. Il est commandé par une roue d'engrenage invariable.

b. Premier rouleau en papier commandé par la circonférence et dont le diamètre est variable à volonté et indépendant de celui des autres rouleaux.

c. Rouleau en fonte, appelé canon, chauffé à volonté soit par la vapeur des boulets ou le gaz.

d. Deuxième rouleau en papier dans les mêmes conditions que le premier.

e. Deuxième rouleau ou massif en fonte empêchant la flexion du rouleau en papier *d*.

f. Levier de pression supérieur.

f'. Levier de pression inférieur.

f''. Bielle reliant les deux leviers.

g, *g'*. Ensouples sur lesquelles le tissu est appelé et enroulé.

h. Roue principale de commande calée sur l'un des bouts du canon *c*.

i. Roue en fonte placée à l'autre bout du canon et renvoyant le mouvement aux autres rouleaux qu'elle commande.

j, *j'*. Roues de commande des rouleaux de fonte appelés massifs, et restant invariablement les mêmes.

k, *k'*. Roues intermédiaires reliant les précédentes à celle du canon.

La friction s'obtient par la vitesse du canon qui est plus grande que celles du massif et des rouleaux de papier, ce qui produit une espèce de glissement ou de *friction* du premier sur les derniers; la pièce qui passe entre eux subit donc cette friction et se satine. On obtient une friction et, par suite, un lustrage plus ou moins fort selon que l'on diminue ou que l'on augmente le nombre de dents de la roue *i* sans changer les autres qui restent à *la même vitesse* pendant que celle du canon varie.

La pression qui doit être très-forte (elle varie de 7 à 8000 kilos) contribue beaucoup à la production d'un beau satinage ou glacé, et, comme je le dirai plus loin, celui-ci dépend aussi de la nature de l'apprêt dans lequel on foularde le tissu.

On peut avec ce genre de calandre disposée pour une largeur de pièce, en cylindrer deux à la fois, l'une passant sous le canon, l'autre par-dessus; quand elle est disposée pour deux largeurs de pièce, on peut y faire passer quatre pièces à la fois, deux en bas et deux en haut, comme l'indique la figure. Le tout est monté sur fort bâti en fonte, avec pression par double levier. On peut aussi se servir de cette calandre avec ou sans friction.

Emploi des machines précédentes, et apprêt des différents tissus de coton. — La description des différents appareils dont on se sert pour apprêter les différentes espèces d'étoffes de coton, ne suffirait pas au lecteur pour se rendre compte de la manière dont on les emploie, et je vais examiner chaque genre d'apprêt pour toutes les variétés de tissu.

Les étoffes d'indiennes imprimées sont apprêtées de différentes façons, et nous distinguerons les apprêts en *mats*, *unis*, *glacés*, *brisés*, *métalliques* et *imperméables*.

Les apprêts mats s'obtiennent en enroulant le tissu à la machine à enrouler, le passant à la machine à élargir si le tissu a perdu de sa largeur, à la machine à humecter, puis sur le cylindre à sécher. On peut, si le tissu a besoin d'être légèrement empesé, ajouter à l'eau dans laquelle plonge la brosse aspergeuse de la machine à humecter, une dissolution de gomme, de colle, ou un peu d'empois d'amidon ou de fécule. Les pièces séchées sont pliées et emmagasinées. Les cretonnes pour meubles sont généralement apprêtées de cette manière, car elles ne doivent avoir aucune roideur, et conserver toute leur souplesse.

Les apprêts unis s'obtiennent en foulardant les pièces précédemment enroulées, au foulard que j'ai décrit, puis en les séchant sur la machine à sécher mécaniquement; si l'apprêt est trop dur, on les passe à la calandre ordinaire, et on a soin de ne pas trop chauffer le cuivre du canon pour éviter de donner du brillant à l'étoffe.

L'apprêt, qui sert à foularder les étoffes, se prépare dans des chaudières en cuivre de forme ovale, et qui peuvent supporter une pression de plusieurs atmosphères. La cuisson de l'amidon ou de la fécule se fait dans ces appareils avec une grande rapidité, et la haute température à laquelle est soumis l'empois qui se forme lui communique des propriétés gommeuses qu'il n'acquiert pas dans des chaudières ouvertes. On délaye dans 100 litres d'eau de 8 à 10 kilos d'amidon ou de fécule, on les fait bouillir dans l'appareil à haute pression, on passe l'empois qui est fort épais dans un tamis fin métallique et on y ajoute une quantité plus ou moins considérable d'eau selon le degré de dureté que l'on veut donner à l'apprêt du tissu. On ajoute à cet empois une quantité suffisante de bleu d'outremer en poudre délayé dans de l'eau ; le bleu augmente la pureté du blanc de l'étoffe, surtout quand les tissus garancés conservent une teinte légère provenant d'un blanchiment incomplet.

Quand l'étoffe n'est pas imprimée et qu'elle est destinée à la vente en blanc, on ajoute un peu moins de bleu d'outremer. Quelques fabricants, pour donner plus de corps aux tissus, mêlent à l'apprêt des substances couvrantes, telles que du blanc de zinc, mais ces additions sont blâmables et ne servent qu'à induire l'acheteur en erreur ; une addition d'amidon blanc délayé à froid dans de l'eau augmente sensiblement la blancheur de l'apprêt. On a cherché à remplacer l'empois de fécule ou d'amidon par des matières non amylacées ; c'est ainsi que, en Angleterre, on a préconisé, pendant les dix dernières années, l'emploi du silicate de soude, mais il présente des inconvénients très-graves. Ainsi, il est arrivé que des pièces, apprêtées avec cette dissolution saline, se détérioraient rapidement quand on les laissait séjourner dans les magasins, en ballots, ou dans des caisses. Le silicate se décomposait en abandonnant une partie de son alcali qui agissait comme caustique sur l'étoffe et diminuait la force des fibres de plus de 30 p. 100.

On peut obvier à cet inconvénient en décomposant le silicate de soude sur le tissu de la manière suivante : les pièces silicatées sont successivement passées dans un bain d'eau acidulée avec de l'acide sulfurique, dans un bain d'eau pure, puis enfin dans la machine à foularder, dans de l'empois de fécule ou d'amidon préparé comme je l'ai dit précédemment, mais très-dilué. On sèche et on calandre comme d'ordinaire, et on passe avant le calandrage à la machine à humecter et à élargir si cela est nécessaire.

Apprêts glacés. — Quand on veut produire ce genre d'apprêt, il suffit de chauffer fortement le canon de fonte de la calandre, au moment de passer les pièces dans cet appareil. L'étoffe devient brillante et légèrement glacée. Les indiennes d'Alsace sont préparées généralement de cette manière, tandis que celles de Rouen ont conservé l'apprêt mat, qui est préférable et qui ne ternit pas les couleurs en écrasant le fil du tissu; c'est là une question de mode, et ce mot est décisif.

Quand les tissus doivent être lustrés ou satinés, on mêle à l'empois dans lequel on les foularde une quantité de cire blanche, de stéarine ou de spermaceti et de borax, plus ou moins considérable selon le degré d'épaississement de l'empois. On peut en employer de 10 à 15 grammes pour chaque kilo d'amidon ou de fécule. En outre, au lieu de faire passer les pièces à la calandre simple à deux rouleaux, on les cylindre à la calandre à friction à trois ou cinq rouleaux.

Cette calandre a remplacé avec avantage l'appareil dont on se servait primitivement pour frotter les pièces déjà apprêtées avec un mélange d'empois et de cire.

La pièce apprêtée était placée sur une table munie dans sa largeur d'une rainure le long de laquelle on promenait une pierre d'agate bien polie. Cette pierre était mue par la main d'un ouvrier; elle était fixée au bout d'une bielle qui était ajustée au moyen d'une cheville à un ressort en bois fixé lui-même à un bâti en bois. La pression exercée par le ressort sur la bielle rendait le frottement de l'agate sur le tissu plus dur et celui-ci en devenait plus brillant. C'est d'après ce principe que furent construites les premières machines à lustrer; le mouvement de va-et-vient de la pierre sur le tissu était produit mécaniquement au moyen d'un volant à un bras duquel se rattachait la bielle au bout de laquelle était attachée la pierre.

Ce mode d'apprêt lustré est généralement appliqué aux étoffes d'indiennes pour meubles, tapisseries, tentures, garnitures de voiture, et pour les étoffes de coton teintes en unis et qui servent de doublures aux vêtements, et qui forment l'article *lustrine*.

Apprêts brisés. — Ce genre d'apprêt appelé aussi apprêt organdi s'obtient en passant les tissus de mousseline, organdi, jaconas, etc., dans la machine à foularder, puis en les faisant sécher au moyen de la machine à apprêter à mouvements brisés pour les apprêts élastiques. L'empois que l'on emploie dans cette circonstance doit être assez épais. Le fil du tissu, pendant le mouvement qu'on imprime à l'appareil, s'arrondit peu à peu, et acquiert une élasticité qu'il n'aurait pas avec les appareils à rames ordinaires.

Apprêts imperméables ou hydrofuges. — On s'est souvent préoccupé d'un procédé économique qui pût donner aux étoffes de coton des propriétés qui les rendissent imperméables à l'eau de la pluie, et, par conséquent, plus propres à la confection des vêtements. On obtient ce résultat d'une manière assez complète en ajoutant à l'empois de dextrine ou d'amidon, du sulfate de zinc, du savon de colophane et du borax et en terminant par un alunage.

D'autres se servent d'une composition formée d'un mélange de 3 parties d'apprêt ordinaire à l'amidon, à la dextrine ou à la colle, et de 10 parties d'acétate d'alumine additionnées de 1 partie de glycérine; on foularde les tissus dans ce mucilage, et on les sèche à la rame; les étoffes de coton et même celles de soie ne seront plus tachées par la pluie après avoir été apprêtées de cette manière.

Les huiles siccatives et les algues marines ont servi à M. Bienvaux Him à la formation d'un apprêt hydrofuge qu'il a fait breveter en 1863. Cet apprêteur prend 60 grammes d'une huile siccative qu'il mêle à de la gélatine d'algues marines jusqu'à ce que le mélange soit bien homogène. Il le chauffe à 50° cent., il ajoute 3 p. 100 de borax, de carbonate de soude ou de potasse, puis une quantité d'eau suffisante pour former un litre de liquide. Il ajoute ensuite 5 litres d'une dissolution d'alun à 3° Baumé à cette préparation, et il y foularde le tissu qu'il sèche et calandre comme d'habitude.

Apprêts métalliques. — Veut-on donner à certaines étoffes de coton un aspect métallique, on les foularde dans une dissolution aqueuse d'un sel métallique, tel que l'acétate de plomb, l'acétate de cuivre ou le chlorure d'argent; puis on les passe dans un appareil à roulettes, dans une solution alcaline qui précipite les oxydes métalliques dans les fibres du tissu. On les vaporise ensuite dans des caisses remplies de vapeur d'eau bouillante mêlée à du gaz d'éclairage ou à de l'hydrogène sulfuré. Au bout d'un quart d'heure les pièces sont séchées et calandrées.

Un simple placage dans une dissolution de sel d'étain, un vaporisage et un calandrage produisent un effet analogue.

Étoffes de soie. — Les tissus de soie, après la teinture ou l'impression, s'apprêtent d'une manière fort simple, on les enroule à la machine à enrouler, puis on les foularde à la machine à foularder, et on les passe immédiatement soit sur un seul rouleau ou cylindre creux chauffé à la vapeur d'eau bouillante, soit sur une série de rouleaux sécheurs superposés, comme pour les tissus de laine. On les presse ensuite entre des cartons, comme je l'ai déjà expliqué pour les tissus de laine et dans mon traité[1] de fabrication des tissus imprimés. (Impression des étoffes de soie, p. 37).

M. Laffite a fait breveter, en 1863, une machine à apprêter tous tissus qui me

[1] *Guide pratique de la fabrication des tissus imprimés:* impression des étoffes de soie, avec planches et échantillons (Biblioth. des professions industrielles et agricoles).

semble surtout remplir les conditions nécessaires à l'apprêt des foulards. Cet appareil présente la disposition suivante :

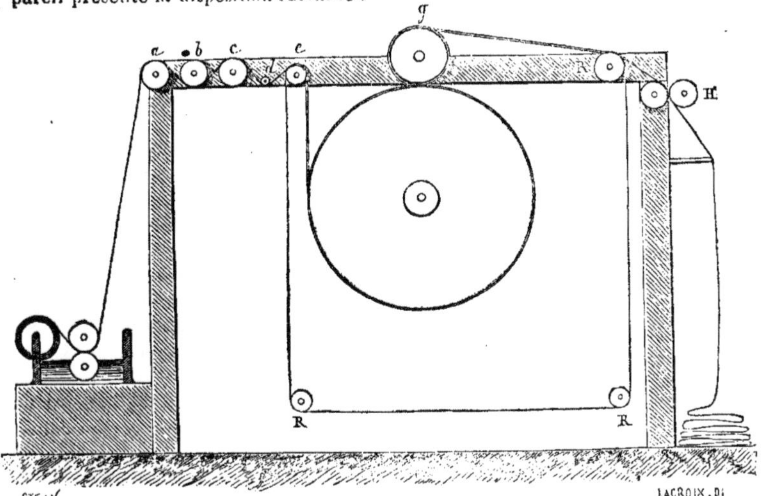

Fig. 7.

A, rouleau de la pièce à apprêter.

B, foulard contenant l'apprêt.

a, b, c, rouleaux en bois ou en métal recouvert d'étoffe de laine.

d, rouleau de tension,

F, rouleau sécheur.

H, rouleau d'appel qui dirige la pièce apprêtée au sortir de l'appareil.

R, R, R, *e,* roulettes dirigeant un drap sans fin qui s'enroule autour du rouleau sécheur en passant sur le rouleau *g* qui se trouve placé au-dessus de celui-ci.

La pièce, au sortir du foulard, passe sur les roulettes *a, b, c, d, e,* s'engage entre le drap sans fin et le cylindre F sécheur, contre lequel le drap le presse. Cette pression donne plus de brillant, et en même temps plus de moelleux au tissu ; celui-ci fait le tour du cylindre, remonte sur le rouleau *g,* puis passe entre la roulette O et la roulette d'appel H, pour être plié et pressé comme d'ordinaire.

M. Duvivier fit breveter, en 1862, un appareil qui a peut-être donné à M. Laffitte l'idée première d'après laquelle il a construit sa machine à apprêter.

Cet appareil consiste, en effet, comme celui que je viens de décrire, en un rouleau ou cylindre sécheur chauffé à la vapeur autour duquel circule un drap sans fin dirigé par quatre roulettes en bois, dont deux sont mobiles et peuvent, en se rapprochant plus ou moins du cylindre sécheur, comprimer plus ou moins contre ce dernier le drap sans fin, et, par suite, la pièce de foulards que celui-ci entraîne dans sa marche à la surface du cylindre ; plus la pression du drap contre le cylindre est forte, plus l'apprêt sera brillant ; on peut donc modifier cet apprêt selon l'aspect que l'on veut donner à l'étoffe.

La composition des apprêts qui servent à foularder les tissus de soie varie selon la nature de ces derniers, et selon le degré de roideur qu'on veut leur communiquer. On les prépare généralement en faisant bouillir du riz (10 kilos) dans 50 litres d'eau ; on ajoute ensuite à l'eau de riz bien filtrée au tamis de soie 50 grammes de colle de poisson bien blanche, et un peu de bleu d'outremer pour azurer le tissu. On peut aussi employer de la gomme adragante, de la dextrine, de l'albumine pour constituer l'apprêt.

Certains fabricants, comme M. Pérmaud, remplacent ces matières par des dissolutions résineuses de copal, de colophane, etc., dans de l'alcool, du méthylène, etc., ou par des savons résineux composés de résines et de carbonate de soude. Cet apprêt est moins altérable que ceux à la gomme, et possède des propriétés hydrofuges précieuses pour les étoffes de soie teintes que l'eau pourrait tacher.

Les apprêts de M. Thierry et M. Bienvaux Him dont j'ai défini la composition en parlant des apprêts imperméables, peuvent aussi être employés pour les tissus de soie et de laine ; ils possèdent les mêmes propriétés hydrofuges que celui de M. Périnaud, et ont été aussi l'objet de prises de brevets.

Apprêt des velours. — Les velours sont foulardés à l'envers du tissu seulement, soit à la main, au moyen d'une éponge, soit avec la machine à foularder que j'ai décrite ; l'encollage dont on se sert est le même que pour les autres tissus de soie, on passe ensuite les pièces sur le tambour à sécher et on en brosse légèrement la surface.

Quand le tissu est assez fort pour n'avoir pas besoin d'être soutenu par un gommage, on relève simplement les poils du velours en faisant passer l'étoffe au-dessus d'un tuyau à vapeur, percé dans sa partie supérieure de manière à laisser échapper un jet longitudinal de vapeur qui, en traversant le tissu, relève le velours, et lui donne l'aspect voulu ; la pièce passe immédiatement sur le tambour à sécher, et peut être ensuite pliée et livrée au commerce.

Apprêt des fils de coton, de soie, de lin. — Les fils sont comme les étoffes susceptibles de recevoir un apprêt, qui leur donne plus de consistance et leur communique un brillant et un lustre indispensables à l'exécution de certains travaux de couture auxquels on les emploie. Parmi les appareils dont on se sert pour apprêter les fils, un des plus ingénieux est sans contredit celui que MM. Millaud et Ducluzel ont fait breveter en 1867, et auquel ils ont donné le nom de machine à apprêter la soie et à glacer les fils de coton.

La construction de cette machine fort ingénieuse a pour principe un placage au moyen de la machine à foularder, et un séchage avec friction sursur des cylindres chauffés à la vapeur, comme nous en avons vu l'application aux apprêts des tissus. Le principe est donc le même, et il ne s'agissait que de l'appliquer à un travail plus minutieux et plus délicat. Ces fabricants ont adopté en premier lieu la disposition suivante : la fig. 8 de la page suivante représente la machine vue de profil, et la fig. 9 la représente vue de face.

Cet appareil permet, comme on le voit, de sécher des deux côtés des cylindres, et jusqu'à 30 bobines à la fois. C'est là un grand avantage, mais ces inventeurs cherchant en outre à introduire plus d'économie dans la construction de leurs appareils les ont simplifiés et modifiés de la manière représentée fig. 10 page 327.

Ce même appareil peut encore servir aux étoffes de soie, ou de velours ; dans ce dernier cas, il faut avoir le soin d'imbiber d'empois l'envers de l'étoffe seulement ; on se servira alors de l'appareil à foularder, décrit plus haut.

Apprêt des tulles et des dentelles. — Les tulles et les dentelles sont généralement apprêtés, c'est-à-dire imprégnés d'un empois d'amidon, ou d'une dissolution de gomme au moyen d'une brosse que l'on passe à leur surface. On les tend d'abord sur un cadre, comme les châles destinés à l'impression ; à mesure que les pièces sont imbibées, on place les cadres sur lesquels elles sont tendues dans un séchoir. Aussitôt que les pièces ou les châles de tulle sont séchés on les détache du cadre et on les plie pour la vente.

L'inconvénient de cette manière d'opérer consiste en ce que les mailles du réseau de tulle se bouchent quelquefois, et qu'on est forcé d'agiter violemment le cadre de haut en bas et *vice versa*, de manière à forcer l'air à passer brusquement à travers le tissu et à déboucher ainsi les trous du tulle, en chassant l'apprêt qui les remplissait.

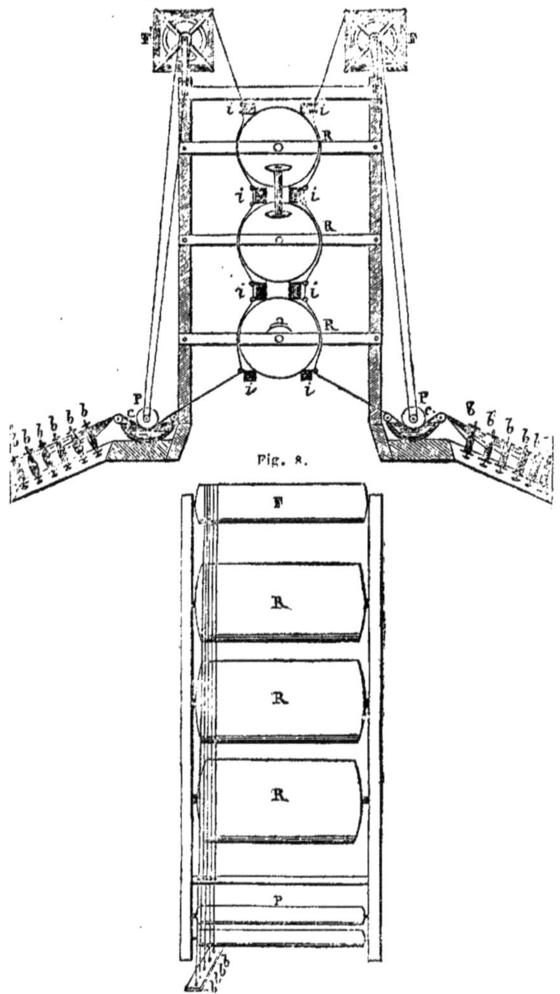

Fig. 8.

Fig. 9.

b, *b*, *b*, *b*, *b*, *b*, etc., sont des bobines de fil.

A, A', baquet S contenant l'apprêt.

P, rouleau forçant les fils à passer dans l'apprêt et à s'en imprégner.

I, I, I, I, I, bobines dirigeant les fils à la surface des rouleaux ou cylindres sécheurs R, R, R.

R, R, R, cylindres sécheurs pleins de vapeur d'eau bouillante à la surface desquels glissent les fils en sortant de l'appareil. Ils sèchent rapidement et acquièrent tout le brillant voulu.

Ces fils passent sur un rouleau autour d'étoffes sur lequel ils se déchargent de l'excédant de l'apprêt.

F, F, bobines autour desquelles s'enroulent les fils secs et apprêtés.

MM. Hall ont imaginé un appareil qu'ils ont fait breveter en 1867, et qui mécaniquement remplace le travail fatigant et inégal de l'ouvrier apprêteur. Ils ont adopté un système d'encadrement mobile qui s'abaisse avec force, automa-

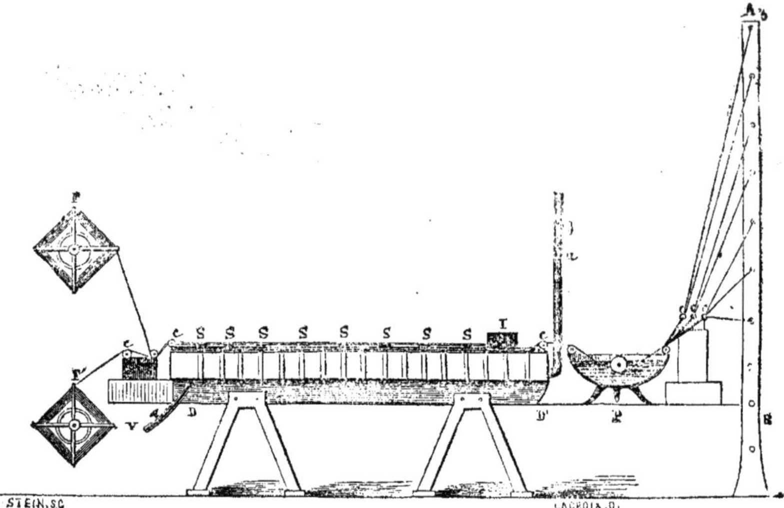

Fig. 10. Voir page 325.

A, B, est le support de bobines.

c, c, c, c, barbines dirigeant les fils dans la bassine à apprêter en foulard.

P, appareil à foularder.

D, D', caisse en bois soutenant une caisse en tôle boulonnée remplie de vapeur à la surface de laquelle sont fixées de distance en distance des plaques en cuivre, en porcelaine ou en tôle faïence, S, S, S, S, S, S, S, etc., qui s'échauffent au contact de la caisse en tôle, et sur lesquels passent les fils après s'être dépouillés de leur excédant d'apprêt sur un rouleau mou I.

C', barbines dirigeant les fils sur des bobines F, F, où ils s'enroulent en flotte apprêtés et séchés.

tiquement et brusquement. Il se produit ainsi un déplacement d'air assez violent pour déboucher les trous du tulle et en chasser l'apprêt.

M. Backer apprêteur anglais a pris en 1862 une patente pour un appareil apprêteur dont la construction se rapproche de celle des machines à apprêter les tissus de coton ou de soie. En effet il foularde les dentelles ou les tulles à l'envers au moyen d'un foulard semblable à celui que j'ai décrit en parlant de l'apprêt des tissus; l'excédant d'apprêt est ensuite enlevé au moyen de plusieurs rouleaux en bois recouverts de flanelle sur lesquels passe la pièce en sortant du foulard; les trous du tulle se trouvent ainsi débouchés, et la pièce est immédiatement dirigée à la surface de cylindres sécheurs chauffés au moyen de la vapeur, puis de là elle va s'enrouler sur une bobine placée à l'extrémité de l'appareil. On peut, si cela est nécessaire, répéter l'opération pour donner plus de force à l'apprêt.

Tissus de laine. Les étoffes de laine chaîne coton et laine peignée, ou peignée cardée, blanches, teintes ou imprimées, qui portent les noms de mérinos, mousseline laine, cachemire d'Écosse, mousseline laine chaîne coton, mohair, etc., sont apprêtées de la manière suivante. On les enroule à la machine à enrouler, on les humecte à la machine à humecter, puis on les sèche soit sur le tambour à ramer et à sécher à chaîne sans fin, soit sur l'appareil à 8 cylindres à vapeur dont j'ai parlé précédemment ; quand les pièces sont sèches, on les soumet à l'action d'une presse hydraulique en les pliant sur des cartons lisses qui sont placés entre chaque pli de l'étoffe. Quand on a une petite pile ainsi formée par le tissu et les cartons, on la place sur le plateau de la presse, puis on la recouvre d'une plaque en fonte chauffée ; on place sur cette plaque une seconde pile, puis une seconde plaque, et on continue ainsi à superposer les plaques et les piles, jusqu'à ce que la hauteur soit suffisante pour remplir la presse. On fait ensuite monter le plateau inférieur qui soutient toute la pile de marchandises, en faisant manœuvrer la pompe hydraulique; la pression qui s'exerce doit être progressivement augmentée jusqu'à ce que la pile formée par le tissu, les cartons et les plaques métalliques chauffées, ait diminué d'un tiers. On arrête alors le jeu du piston, et on laisse l'étoffe exposée pendant quelques heures à cette pression. Dans certains établissements on se sert de presses de nature particulière dans lesquelles les plaques sont formées de 2 feuilles de tôle, laissant entre elles un petit intervalle par où circule la vapeur. — M. Jean Schlumberger à Thann a été un des premiers à se servir de ce genre de presse il y a plus de trente ans.

Quand on a des étoffes de laine qui sont un peu plus légères que le cachemire d'Écosse, ou la mousseline laine, on peut imbiber le tissu d'une dissolution gélatineuse au moyen de la machine à humecter. Cette addition suffit pour donner à l'étoffe un peu plus de résistance. J'ai dit en parlant du blanchiment des étoffes de laine qu'on avait la précaution de les plonger dans un bain d'eau bouillante ou de vapeur d'eau bouillante après le dégraissage. Cette opération peut être comprise dans celles qui constituent l'apprêt, car elle doit servir à conserver et même à faire ressortir le grain du tissu.

M. Boulogne, teinturier et apprêteur, a apporté des modifications importantes dans cette partie du travail, et, ayant trouvé que l'eau bouillante ou la vapeur d'eau, n'agissait que d'une manière fort inégale sur le tissu en suivant les procédés en usage, il imagina un appareil nouveau qu'il fit breveter il y a deux ans, et qui me paraît devoir réaliser le but de régularité et d'uniformité que se propose l'inventeur.

La figure de la page suivante représente la machine à fixer les tissus de laine cardée et peignée-cardée, pour concourir à leur bon apprêt.

L'appareil de M. Boulogne est sans doute fort bien combiné pour donner plus de régularité à l'opération du fixage des tissus, mais il est nécessaire d'y faire passer les pièces plus d'une fois, car sans cette précaution, elles n'auraient pas été vaporisées assez longtemps pour que l'effet de la vapeur ou de l'eau bouillante se produise d'une manière complète. Les pièces en sortant de cet appareil sont soumises au travail du blanchiment proprement dit, ou de la teinture, puis enfin apprêtées comme je l'ai expliqué précédemment.

Apprêt des chales de mérinos, brochés, etc. Pour apprêter les châles reteints ou nettoyés on procède généralement ainsi : on les étend sur un sommier de crin un peu plus grand que les châles que l'on apprête, on les épingle pour les fixer après les avoir bien tendus à droit fil, puis on les recouvre d'une toile humide, et on les repasse à la main jusqu'à ce que la toile soit sèche. Tous les plis de l'étoffe disparaissent au repassage, et ce procédé primitif, connu même dans les ménages, est encore employé dans un grand nombre de teintureries. *M. Dupouy* prit en l'année 1863 un brevet pour un procédé plus rapide et plus régulier. Il imagina de fixer d'un coup, tout un côté du châle sur le sommier en crin. Cette opération se fait au moyen d'une barre en fer de la longueur du châle, et percée dans sa longueur d'épingles fixées solidement d'un côté et ressortant de l'autre à une longueur de plusieurs centimètres. Les ouvriers apprêteurs placent, en la tirant fortement dans le sens de sa largeur une lisière du châle à l'une des extrémités du sommier; puis ils posent sur cette lisière la barre de fer, les pointes des épingles dirigées vers le tissu, et d'un seul coup en pressant sur la barre ils enfoncent les épingles dans la lisière. Celles-ci, en pénétrant dans le sommier, y fixent un

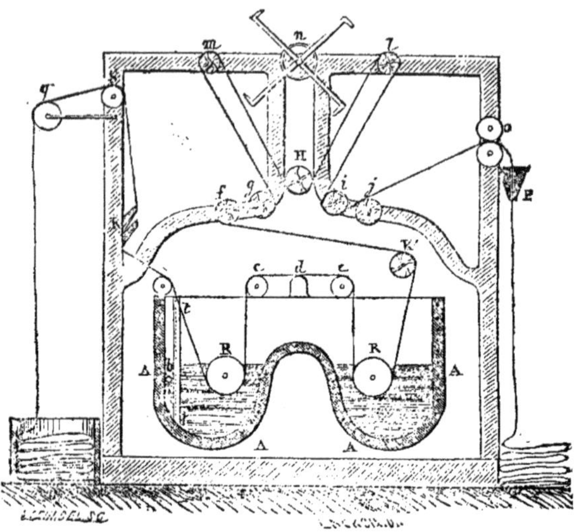

Fig. 11

A, A, A, A, est une chaudière en cuivre ou en tôle contenant dans sa partie inférieure de l'eau que l'on chauffe par un tuyau qui vient s'ouvrir en *b*.

Le tamis *tt* placé devant l'ouverture *b* empêche la projection de l'eau bouillante contre les pièces. R, R sont des rouleaux métalliques plongeant dans l'eau de la chaudière.

q, S, *c*, *d*, *e*, *k*, *f*, *g*, *m*, *k*, *l*, *i*, *j*, sont des rouleaux de conduite et de tension sur lesquels passe la pièce à fixer qui part de *q*, en S, s'engage sous les règles de tension K, puis passe sous le rouleau R, ressort sur les roulettes *c* et *c*, rentre dans l'eau bouillante en passant sous le rouleau R, puis passe de la roulette *k*, sur celle *f*, sous le ventilateur N, et ressort enfin en O pour être pliée par le faudeur P.

côté du châle. On répète cette opération sur les quatre faces du châle, et on arrive ainsi à le tendre à la surface du sommier, avec une grande rapidité et une régularité parfaite. Quand le châle est bien tendu, on le recouvre d'une toile qui est fixée à un bout du sommier dans toute sa largeur, et enroulée par son autre extrémité à une barre en fer; on n'a donc qu'à dérouler la toile pour en recouvrir le châle, la barre retombe de l'autre côté du sommier, pèse de tout son poids à son extrémité, et la force à faire corps avec le châle. L'ouvrier s'arme ensuite d'une éponge mouillée et d'un fer à repasser ; il mouille la toile qui laisse pénétrer jusqu'au tissu du châle une humidité favorable à l'apprêt qu'achève son coup de fer.

Cet appareil est surtout très-utile pour l'apprêt des châles qui ne sont plus en pièce. Mais chaque fois qu'il s'agira de châles qui ne sont pas détachés de la pièce, on pourra se servir des appareils que j'ai décrits précédemment, tels que le tambour à ramer et à sécher à chaîne sans fin (tome II des *Études*, p. 92, pl.V).

Apprêt des draps. — Dans cette partie de l'industrie comme dans toutes celles que j'ai examinées précédemment, les efforts du fabricant se sont nécessairement portés vers une production plus économique et plus rapide. C'est ainsi que les machines à battre, à rebrousser ou à ébouriffer, ont remplacé le battage à la main et les rames mécaniques.

Pour bien faire comprendre au lecteur en quoi consistent les différentes parties du travail qui constitue ce qu'on appelle l'apprêt des draps, il est nécessaire de passer en revue les phases diverses de la fabrication qui précèdent celle de l'apprêt proprement dit.

La laine avant d'arriver à l'état de tissu jusqu'à l'apprêteur a subi différents traitements, dont chacun constitue un art industriel spécial. C'est ainsi que l'industrie de la laine comprend 1° l'art du laveur de laines, 2° l'art du teinturier, 3° l'art du filateur, 4° l'art du tisserand, 5° l'art du foulonnier et enfin l'art de l'apprêteur.

Le *lavage* de la laine consiste d'abord à lui enlever le suint; à cet effet on l'immerge dans une dissolution chaude d'ammoniaque de carbonate ou d'urine putréfiée, ou dans une dissolution de suint dans l'eau, provenant d'une macération de la laine dans l'eau à 35° pendant vingt heures[1]. La quantité de suint qu'elle perd varie de 30 à 75 p. 100 de son propre poids. La laine désuintée est lavée mécaniquement à l'eau froide, puis séchée, Ce lavage de la laine désuintée peut être fait de différentes manières. La plus simple et la plus ancienne consiste à la placer dans des paniers en osier ou dans des caisses en bois percées de trous que l'on fixe dans une eau courante. On agite la laine soit au moyen de bâtons, soit au moyen de râteaux en bois mus mécaniquement, qui renouvellent sans cesse les surfaces de la laine. Une eau retombant d'une certaine hauteur dans ces caisses, et s'échappant par les trous dont elles sont percées est un moyen de lavage souvent employé dans certaines localités d'Angleterre où la force motrice est à bas prix.

Ces procédés de lavage ont été modifiés dans un grand nombre d'établissements selon les moyens dont on pouvait disposer. Parmi les appareils les plus ingénieux et les plus pratiques que j'aie remarqués, je citerai la machine à laver (brevetée en 1867) de M. Hulin, fabricant à Elbeuf, qui a résolu le problème de laver la laine mécaniquement d'une manière continue et aussi parfaitement que possible.

La figure suivante en représente la disposition générale:

La laine est placée dans le compartiment à gauche de la figure; elle est entraînée à travers l'eau qui remplit la caisse par les battoirs 33, 32, 31, puis passant par l'ouverture ménagée entre la cloison et les parois de la cuve, elle entre dans le second compartiment où les battoirs 30, 29 et 28 l'entraînent à leur tour en la retournant, et en en renouvelant les surfaces, et ainsi de suite de compartiment en compartiment jusqu'à sa sortie sur la toile métallique sans fin. On voit que les laines, à mesure qu'elles s'avancent d'un compartiment dans l'autre, rencontrent de l'eau de plus en plus propre, et qu'en H' elles en sortent après avoir traversé l'eau au moment de son entrée dans la cuve de lavage.

La laine après le lavage est portée dans les ateliers de teinturerie, avant d'être filée et tissée, quand il s'agit de faire des draps de couleurs.

L'art du filateur comprend lui-même cinq opérations qui sont, le *battage*, le *graissage*, le *louvetage*, le *cardage*, et la *filature* proprement dite.

Le *battage* a pour but de nettoyer la laine et il se fait au moyen de deux cylindres en bois, concentriques, armés de dents disposées les unes à l'intérieur du grand cylindre, et les autres à l'extérieur du petit cylindre. Ces dents pendant la marche du cylindre intérieur se croisent et ouvrent la laine qu'on expose à leur action

[1] Un mélange de 20 parties de soude en cristaux, 5 parties d'oléine et de 5 à 10 parties de sel ammoniac remplacerait d'après M. Schlieper, les bains ordinaires de désuintage. Cette expérience date de 1848, et cependant l'adoption du procédé Schlieper est loin d'être générale.

Ce premier nettoyage est suivi d'un graissage de la laine au moyen d'huile ou d'acide oléique, graissage qui a pour but de lui conserver sa souplesse et de rendre sa surface onctueuse. Cette opération est suivie du louvetage qui achève

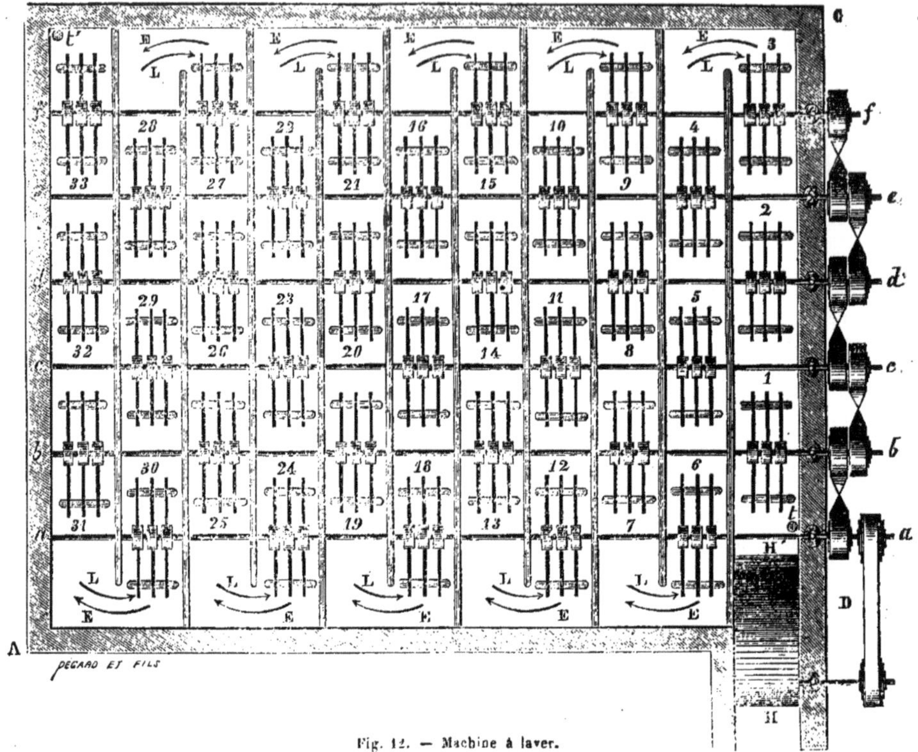

Fig. 12. — Machine à laver.

A, B, C, D, est une grande caisse ou cuve divisée en 11 compartiments au moyen de cloisons en tôle qui laissent alternativement un passage libre dans le haut et dans le bas de la cuve.

S, S, S, S, S, S, sont des transmissions à courroies entre-croisées qui font mouvoir les axes *aa*, *bb*, *cc*, *dd*, *ee*, *ff*, en sens inverse les unes des autres, de telle sorte que les 33 battoirs que les axes font marcher tournent aussi dans chaque compartiment dans un sens opposé à celui du compartiment suivant. 1, 2, 3, 5, 6... 33, sont les battoirs placés trois par trois dans chaque compartiment. Ils sont munis à leurs extrémités de palettes qui sont destinées à faire avancer la laine contre le courant d'eau artificiel produit dans la cuve par une conduite d'eau ayant son entrée en *t*, et sa sortie en *t'*.

Les flèches L, L, L, L, L, etc., indiquent le mouvement suivi par la laine sous l'impulsion des battoirs. Les flèches E, E, E, E, E, E, etc., indiquent le mouvement du sens inverse de l'eau renouvelée en *t* et s'échappant en *t'*.

H, H', est une toile métallique sans fin qui dans son mouvement rotatoire entraîne la laine nettoyée et la présente à l'ouvrier qui l'enlève à mesure.

l'épuration de la laine par un moyen analogue à celui employé pour le battage. Le mouvement de rotation du cylindre intérieur est seulement plus rapide que dans ce dernier, et il doit être de 6 à 800 tours par minute.

Le cardage, comme son nom l'indique, se fait au moyen de chardons, ou de cardes métalliques ; il a pour but de démêler et de séparer les filaments de la laine, afin de les rendre plus aptes à être filés en facilitant leur cohésion par leur disposition en nappe et dans tous les sens.

Après le cardage on passe à la filature, puis enfin au tissage.

La filature est, comme chacun le sait, l'art de faire le fil qui doit servir à la trame et à la chaîne. Si je suis entré dans les détails précédents sur les préparations de la laine, c'est parce que la chimie ne leur est pas étrangère et que de leur bonne réussite dépend la bonté de l'apprêt des draps, mais quant à l'industrie de la filature proprement dite, elle sort trop du cadre de cette étude, et je renvoie le lecteur aux ouvrages techniques et au travail si remarquable publié dans les *Études* sous le titre *les Tissus* par M. Parant. Je ne m'arrêterai pas davantage au tissage, c'est-à-dire à l'art de faire la toile proprement dite du drap ; je laisse à des plumes plus autorisées le soin de décrire la contexture de ces différents tissus, qui varie selon les articles que l'on veut fabriquer, tels que la nouveauté, les façonnés, les draps lisses, l'article à paletot ou édredon, les casimirs ou les satins, et je passe immédiatement aux opérations de l'*apprêt*, que l'on fait subir à l'étoffe depuis le moment où elle quitte les ateliers du tissage, jusqu'à celui où elle est livrée au commerce.

On peut diviser ces opérations de la manière suivante en : 1° noppage o *enouage* ; 2° dégraissage ; 3° foulage ; 4° lainage ; 5° tondage ; 6° teinture ; 7° lavage; 8° décatissage ; 9° pressage.

En sortant des mains du tisseur, le drap est livré à des ouvrières auxquelles on a donné le nom de *noppeuses*; celles-ci tendent l'étoffe sur des perches de manière à la placer entre elles et la lumière du jour. Cette disposition est nécessaire à l'examen minutieux qu'elles font du tissu plus ou moins épais qu'elles doivent nettoyer. Elles enlèvent au moyen de pinces en fer tous les *nœuds* faits par le tisseur, ainsi que les fils qui peuvent se trouver en double par places, et tout ce qui n'est pas régulier dans le tissu.

Ce travail du noppage étant terminé, les brodeuses s'emparent des pièces de drap, et tracent par un point de chaînette, le nom du fabricant, le numéro de série et le nom de la ville ; c'est là ce qui constitue la marque de fabrique.

Le drap est ensuite soumis à l'opération du *dégraissage* pour lui enlever l'*huile* ou l'*acide oléique,* dont on a enduit la laine pour le *louvetage*. Quand on s'est servi de cette dernière matière, comme l'ont recommandé il y a plus de vingt ans MM. Peligot et Alcan, un simple passage de deux heures de la pièce de drap dans un bain de carbonate de soude, et un lavage à l'eau suffisent pour dégraisser l'étoffe parfaitement. Quand on s'est servi d'huile, le travail est plus long et l'opération plus difficile; on plonge les pièces dans de l'eau courante pour bien les mouiller, puis on les enduit de terre à foulon ou argile, et on les fait passer pendant plusieurs heures dans de grandes caisses remplies d'eau, entre deux cylindres dont l'un est cannelé; la pression exercée par le cylindre supérieur active l'absorption de l'huile par la terre, et sa saponification par le savon vert que l'on a dissous dans l'eau de la caisse. L'opération dure quatre fois plus longtemps que la précédente et les eaux qui ont servi au dégraissage, sont complétement rejetées, tandis que celles qui ont servi au dégraissage des pièces dont la laine a été huilée avec de l'acide oléique sont recueillies avec soin pour le foulage.

La pièce de drap est lavée dans de l'eau pure, au moyen du même système de cylindres fouleurs, puis on la sèche. On peut à cet effet se servir avec avantage de la *machine à essorer les tissus au large*, de M. Tulpin de Rouen, que j'ai décrite page 92 du tome II des *Études*, et de la machine à sécher de la maison *Pasquier* de Reims. Cet appareil fait parcourir au moyen d'une chaîne sans fin une longueur de 60 mètres dans un espace chauffé par des tuyaux de vapeur, et dont la chaleur est tempérée par des ventilateurs, de façon à ne pas durcir l'étoffe. Le tambour à ramer et à sécher sans fin que j'ai décrit dans une précédente étude et qui est représenté par la figure de la planche V, sert aussi avec avantage au séchage des draps.

Le dégraissage des draps mélangés, c'est-à-dire tissés avec des laines teintes, offre surtout de graves inconvénients par le coulage des couleurs des laines différemment coloriées qui ont servi à la fabrication. En effet les fils ne conservent plus leur ton, les blancs se salissent, et l'effet que le fabricant a voulu produire est en partie manqué. Cet inconvénient si grave a frappé bien des fabricants, et plusieurs essais ont été tentés pour rendre cette opération plus facile, moins destructive. Je citerai à ce sujet un ancien négociant en drap qui est venu me demander quelques conseils, et qui a fait faire des essais dans une grande fabrique du Midi.

M. Bonet a cherché à remplacer le savon vert par un corps moins caustique et jouissant de propriétés saponifiantes énergiques. La racine de luzerne dont on se sert pour les lessives dans les provinces de l'Est, lui a paru posséder toutes les propriétés nécessaires à la saponification facile des corps gras de la laine, et ses premiers essais semblent devoir être couronnés de succès; il a fait breveter son procédé, et je ne le signale ici que comme pouvant faire progresser l'industrie des draps nouveautés, et la soustraire un jour à la difficulté du coulage, que j'ai signalée plus haut.

Le drap dégraissé et séché repasse entre les mains des épinceuses, qui peuvent alors en extraire sans inconvénient les pailles, cotons ou autres matières étrangères qui se sont mêlées à la laine pendant la filature. Il se produit par suite de ce nettoyage de petits trous ou des clairures dans le drap, qui sont occasionnés par le fer des épinceuses ; on les fait disparaître dans l'opération du foulage.

Le *foulage* sert à resserrer les fils du tissu, à *le feutrer*, ce qui ne peut se faire qu'aux dépens de ses dimensions. En effet les fils qui forment la chaîne et la trame du tissu, et qui sont parfaitement distincts avant le foulage, se feutrent et en se contractant dans le sens de leur longueur, font acquérir à l'étoffe une plus grande épaisseur.

L'étoffe doit *rentrer* ou se resserrer dans le sens de sa longueur et de sa largeur dans des proportions calculées à l'avance, et c'est de la bonne combinaison de ces proportions que dépend la perfection des draps. Ceux-ci sont souvent diminués de moitié sur leur largeur et d'un tiers sur leur longueur par l'opération du foulage. Cette opération se fait dans de grandes cuves remplies d'une dissolution de savon vert, surmontées d'un cylindre d'un grand diamètre sur lequel passe le tissu sans fin ; trois petits cylindres mus verticalement et horizontalement pressent la pièce de drap sur le grand cylindre, et cette pression est réglée à volonté au moyen de contre-poids, d'après le degré de feutrage que l'on veut donner à l'étoffe. On combine souvent dans ce genre d'appareil l'action des rouleaux presseurs avec celle d'un maillet en fonte qui exerce sa percussion sur le grand cylindre.

Cet appareil importé d'Angleterre a remplacé presque partout les anciennes piles à fouler, qui étaient fort difficiles à régler. Ces piles consistent en de grands mortiers en bois dans lesquels on place du savon vert délayé dans de l'eau, les pièces de draps étaient foulées dans cette auge au moyen des pilons mus par un arbre à cames ; ces maillets ou pilons ont une vitesse de 40 à 50 coups par minute, et l'opération dure de 12 heures à 36, selon la nature de la laine et la qualité du drap.

Quand il s'agit de draps noirs, on fait le foulage en gras, c'est-à-dire, qu'on les foule avant de les dégraisser pour leur conserver leur huile en partie, et leur laisser leur aspect moelleux pendant le foulage. On se sert aussi d'urine au lieu du savon ou des alcalis qu'on emploie d'habitude, pour laisser plus de douceur à l'étoffe teinte en noir. La racine de luzerne employée simultanément avec un peu de savon vert pourrait peut-être être appliquée avec avantage en cette circonstance. Le foulage rétrécit les dimensions des draps de 36 p. 100 environ.

Quand on fabrique des draps *nouveautés*, il faut établir les dessins, au tissage, en calculant ce que l'étoffe perdra soit en long soit en large pendant le foulage; ainsi, si celui-ci est forcé dans la longueur, il est évident que le dessin se trouvera raccourci, et paraîtra trop large, tandis que le contraire aura lieu si le drap est foulé démesurément dans le sens de la largeur. Il faut donc déterminer les mesures que le drap devra conserver après le foulage et le *foulonnier* devra faire son travail de manière à ne pas les changer. Après avoir été foulés les draps sont soumis au travail du *lainage* qui a pour but de faire ressortir l'effet du feutrage et de coucher d'une manière uniforme et dans le même sens les poils de la laine. Le lainage sert surtout à garnir le tissu au moyen des poils qui sont pris dans le corps de l'étoffe, et à donner à un côté appelé endroit l'aspect qui le distingue.

Le travail du *lainage* se fait dans une machine nommée *lainerie*, au moyen de laquelle on fouille l'intérieur de l'étoffe, en faisant paraître à *l'endroit* du drap le poil qui doit fournir le *grain* et le *garnissage*. La lainerie se compose d'un cylindre ou *tambour* muni de bandes transversales appelées *cotes*, et armées de cadres garnis de chardons, et de deux rouleaux d'appel ou ensouples sur lesquels vient s'enrouler le drap; l'un de ces rouleaux est placé à la partie supérieure, l'autre à la partie inférieure de l'appareil. Une machine à humecter dans le genre de celle que j'ai décrite plus haut, est disposée de manière à mouiller le drap dans toute sa largeur pendant la durée de l'opération. Le tambour *cardeur* doit tourner avec une vitesse de 90 à 120 tours à la minute.

Le drap que l'on a trempé à l'avance est enroulé sur une des ensouples, de manière à présenter le côté que l'on veut lainer à l'action des chardons; il est dirigé lentement vers l'autre ensouple où il s'enroule de lui-même. Après avoir été ainsi cardé une première fois, et avoir fourni une première course ou *voie*, le drap est ramené vers l'ensouple supérieure, et pendant ce mouvement de retour, le tambour marche toujours dans le même sens et avec la même vitesse. Cette première opération du lainage se nomme *de première eau*.

Le drap étant *lainé* en demi-laine ou première eau doit être séché de manière à conserver sa longueur et sa largeur. On se sert à cet effet des *rames* qui forment un appareil composé de deux bandes transversales, dont l'une supérieure est adhérente à des poteaux placés à environ trois mètres de distance les uns des autres. La bande inférieure, nommée *selette*, est mobile et forme charnière bout à bout, par chaque partie comprise d'un poteau à l'autre. Des crochets appelés *havets* garnissent le bord intérieur de chaque bande et celui du premier poteau, et c'est à ces crochets qu'on fixe les lisières du drap.

Cette opération doit se faire avec soin, et l'ouvrier qui en est chargé accroche d'abord le drap dans sa largeur aux havets du premier poteau, puis le développant dans sa longueur, il en accroche l'autre extrémité à une traverse mobile appelée *templet*. On détermine la largeur exacte du drap, en arrêtant la tension qu'on lui fait subir au moyen d'un moufle, à un point fixé à l'avance. On a le soin de soutenir le drap de distance en distance à sa lisière supérieure, pendant qu'on en fixe aussi la longueur définitive. La largeur est déterminée ensuite par la mise en *laise*, qui se fait en pesant au moyen d'un levier à agrafe sur chaque *selette* d'une manière égale, et l'on arrête chacune d'elles au moyen d'une brochette de fer passée par un des trous pratiqués à chaque poteau. Il faut surtout que l'ouvrier n'opère cette tension en largeur que progressivement afin d'éviter les déchirures. Pendant que le drap se sèche ainsi, l'ouvrier le brosse dans le même sens pour en coucher les poils, et préparer le drap à l'opération du tondage. Généralement on ne laisse pas le drap sécher complétement, et on le dérame en décrochant les selettes, pour le raccrocher plus *lâche*, et laisser l'étoffe se sécher sans tension. Le *ramage* étant une opération qui se répète quelquefois pendant la durée des opérations de l'apprêt, on a dû chercher à en rendre le travail plus régulier et plus facile. Les appareils à essorer au large et à ramer d'une manière continue dont j'ai parlé précédemment peuvent être employés en ces circonstances, d'une manière plus utile.

Le drap en sortant du ramage est porté au tondage qui se fait au moyen d'appareils appelés *tondeuses* dont la construction est analogue à celle de la machine que j'ai décrite au commencement de cette étude.

La tondeuse *rase* toutes les parties trop longues des poils que la carde a fait paraître, et en leur donnant à tous la même longueur rend la surface du drap unie et plane. L'action de la tondeuse doit être lente et progressive, de peur de raser trop de laine à la fois, et de déprécier l'étoffe en la déchirant.

Il y a plusieurs espèces de tondeuses, les transversales, les longitudinales et celles en hélice. Dans les transversales le drap est tendu par les lisières et le chariot, marchant d'une lisière à l'autre, coupe le poil en travers, tandis que sur la longitudinale le drap se déroule de lui-même et se présente en long à l'action des couteaux de la tondeuse.

Dans celle en hélice que j'ai décrite en parlant de l'apprêt des tissus de coton, le drap se présente en se déroulant à l'action d'une lame tranchante, et d'un cylindre armé d'une autre lame enroulée autour de lui en spirale, qui, tournant rapidement sur elle-même, forme *ciseaux* avec la lame inférieure. En rapprochant le cylindre de la lame, on tond le drap plus court. Après la tonte en *demi-laine*, le drap est repris à la laineuse pour ramener un nouveau poil, en fouillant davantage l'intérieur du tissu. Le drap est ensuite séché à la rame et tondu plus court que la première fois, puis soumis à l'action du pressage.

Le PRESSAGE se fait comme je l'ai décrit à l'apprêt des tissus de laine. Il a pour but de resserrer les parties de l'étoffe rendues souples et moelleuses au toucher par les opérations postérieures à celle du foulage. Le drap est disposé, pli à pli, de manière à intercaler entre eux des feuilles de carton lisse. Entre deux coupes ainsi disposées, on place deux plateaux de deux à trois centimètres d'épaisseur, entre lesquels sont étendues des plaques de fer chauffées. Quand on a formé une pile suffisamment élevée, on l'expose à l'action d'une forte pression produite par une vis ou par un moyen hydraulique. Le drap au sortir du pressage est porté à l'atelier du *décatissage*.

Pour décatir le drap on le plie à une longueur déterminée, on le place sur une caisse en métal, et percée de trous à sa partie supérieure. On le couvre d'un manteau imperméable, puis d'un couvercle que l'on serre plus ou moins au moyen d'une vis de pression. On lâche ensuite la vapeur dans le bassin; elle s'échappe par les ouvertures et traverse le drap complétement. Quand cet effet est produit, on arrête la vapeur, on laisse refroidir la laine, et on recommence l'opération en pliant le drap de manière à faire revenir les plis qui étaient en dehors de l'action de la vapeur, dans le milieu du bassin. Ce mode de décatissage a été en bien des cas abandonné pour le décatissage au large plus pratique, plus vraiment industriel. Il consiste à faire dérouler le drap mécaniquement au-dessus d'un courant de vapeur qui s'échappe d'un cylindre, puis à le faire sécher sur des cylindres sécheurs, en lui imprimant au moyen de rouleaux d'appel, une certaine tension. Des règles élargisseuses le maintiennent dans sa argeur, et empêchent la formation de plis qui sont souvent ineffaçables.

Le drap passe ensuite par les opérations de la teinture et du lavage; puis il est séché, tondu de nouveau, mis en presse et décati pour la seconde fois, relavé et tondu pour la troisième fois, puis enfin décati une troisième fois au large sans pression afin d'enlever au drap l'excès de son brillant. Ce dernier vaporisage empêche aussi le drap de se tacher sous le carreau du tailleur, et on clôt cette longue série d'opérations par un dernier *tondage en fini*. Le drap est ensuite mis entre les mains d'ouvrières appelées *rentrayeuses*, qui enlèvent avec des pinces très-fines les fils de coton ou les matières étrangères qui n'auraient pas pris la teinture. Le drap est alors entièrement terminé.

Le mode d'opérer que je viens de décrire est celui que l'on observe généralement pour apprêter les draps noirs, écarlate, jonquille, amarante, etc., et en général les draps teints en pièce.

On a dû nécessairement chercher à combiner des appareils devant suffire à toutes les opérations que je viens de décrire succinctement; mais les difficultés qui présente leur construction ou plutôt la combinaison des différentes parties que constituent de semblables machines, n'ont pas encore été entièrement surmontées; je veux cependant donner au lecteur la description de quelques-uns d'entre eux, sans leur assigner toutefois de place spéciale au point de vue de leur supériorité sur d'autres du même genre. C'est au fabricant qu'il appartient de juger quelles modifications il doit apporter à la marche générale que je viens d'indiquer, selon la nature, la force et le genre des tissus qu'il fabrique.

ÉTUDE

SUR

LE BLANCHIMENT, LE BLANCHISSAGE & L'APPRÊT DES TISSUS

Par D. KÆPPELIN

Pl. XXII, XXIII, XXIV, XXV.

Notre figure 13 représente un appareil à apprêter les draps au moyen de rouleaux cardeurs. Cet appareil a été imaginé par M. Bourges, qui l'a fait breveter en 1866. La légende suffira pour en faire comprendre le mécanisme.

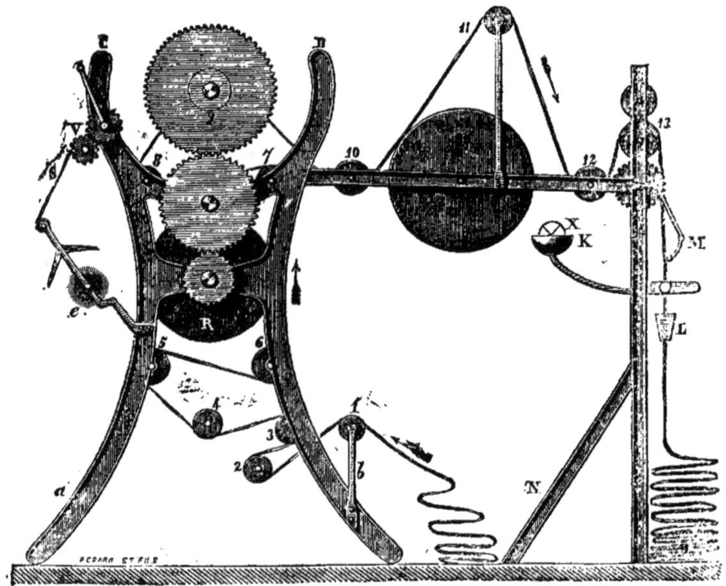

Fig. 13.

Le drap placé en N passe sur les roulettes 1, 2, 3, 4, 5, 6, 7, 8, 9, 10, 11, 12, 13, pour ressortir en O.

Pendant ce trajet il est forcé de s'approcher des rouleaux munis de cardes, R, R', qui, en cardant l'étoffe, lui donnent l'aspect voulu. La carde en effet fouille le tissu, y recherche les fibres les filaments, les ramène à la surface et, tout en n'ajoutant rien à la matière qui compose l'étoffe, donne à cette dernière un toucher doux et moelleux.

Un petit rouleau *e* recouvert d'une brosse en chiendent est placé dans l'appareil devant le premier rouleau cardeur R, de manière à pouvoir en être facilement rapproché, au moyen de la roulette V, et de la corde S qui, en s'enroulant sur V, attire la brosse *e* à la surface du rouleau R, où il enlève le duvet qui s'est attaché à la carde.

Ce nettoyage permet de faire plusieurs pièces de drap sans s'arrêter.

L'appareil K est un petit asperseur ; la brosse qui recouvre le rouleau X plonge dans l'eau du bassin placé au-dessous, et, venant dans son mouvement rotatoire frapper sur un obstacle immobile (une tringle placée au-dessus), elle se courbe, puis se relève brusquement après avoir franchi l'obstacle. Ce mouvement fera jaillir l'eau dont elle est imbibée, sur les pièces de drap, chaque fois que ce sera nécessaire.

M est un plieur mécanique qui permet de livrer les draps tout pliés et de les transporter sans peine dans les autres ateliers de la fabrique. On recommence l'opération plusieurs fois de suite si cela est nécessaire.

Plusieurs fabricants ont cherché à réunir les opérations du cardage, du brossage et du décatissage en un seul système ; pour en donner une idée au lecteur, je citerai celui de M. Demar, fabricant à Elbœuf, qui, comme il le dit dans son brevet, a voulu s'exonérer de l'impôt qu'il payait au décatisseur. Il a, à cet effet, simplement ajouté à ses appareils de lainage, de cardage et de tondage, un décatissage au large. Celui-ci consiste en un rouleau ou tambour percé de trous à sa partie supérieure, dans lequel s'engage une conduite de vapeur. La pièce lainée, cardée et tondue, passe au-dessus de ce tambour qui laisse échapper la vapeur bouillante à travers les fibres du tissu ; elle est ensuite dirigée sur un tambour sécheur, puis pliée au moyen d'un plieur mécanique qui la fait retomber de l'autre côté de l'appareil.

M. Défossé a aussi modifié les appareils ordinaires et il a réuni dans la machine qu'il a fait breveter, en 1867, le décatissage aux autres opérations du *brossage* et du *cardage*. Sa machine se compose d'une caisse à décatir, de deux cylindres sécheurs, d'un rouleau cardeur, d'un rouleau brosseur et de deux rouleaux d'appel, entre lesquels passe le drap à sa sortie de l'appareil.

La pièce est dirigée au-dessus de la vapeur qui s'échappe du décatisseur, au moyen de deux rouleaux conducteurs, puis, passant sous un troisième rouleau, elle remonte sur le premier cylindre sécheur, pour redescendre sous un quatrième rouleau, et remonter sur le deuxième cylindre sécheur. En quittant ce dernier, l'étoffe passe le long du cylindre ébouriffeur garni de cardes; celui-ci fouille l'intérieur du tissu et en relève les poils; le drap passe ensuite sous une cinquième roulette d'appel un peu plus forte que les premières, pour être dirigé vers le rouleau brosseur, de manière à présenter son envers à l'action des brosses; après avoir été brossé, le tissu remonte vers les deux rouleaux d'appel superposés l'un à l'autre, et marchant en sens inverse. Le rouleau supérieur est mobile, et peut, au moyen d'un bras de levier pesant sur son axe, imprimer une pression plus ou moins forte au drap et par suite régler le mouvement nécessaire à la marche qu'il doit suivre pendant le travail de l'apprêt.

Je parlerai maintenant de quelques genres d'apprêts pour les tissus de nouveautés, qui depuis quelques années surtout deviennent de plus en plus nombreux. Leur variété prouve le grand nombre des recherches auxquelles se livrent les fabricants dans tous les pays, mais en France surtout, pour enrichir cette partie de l'industrie de nouvelles découvertes, ou au moins d'applications ingénieuses des principes déjà connus.

Ces draps pour vêtements d'hommes ou de femmes sont, ainsi que ceux qui sont destinés à l'habillement de l'armée, faits avec de la laine teinte en branche, c'est-à-dire n'ayant été dégraissée et filée qu'après la teinture.

Depuis une quinzaine d'années environ, il se fabrique dans une ville jouissant d'une renommée séculaire pour la beauté de ses draps, à Sedan, une étoffe de draps de velours d'une grande beauté. Cette étoffe porte le nom de son inventeur, de M. de Montagnac, que j'aurai l'occasion de citer encore dans cette revue pour d'autres perfectionnements apportés dans la fabrication. Un brevet avait consacré cette invention, et ce n'est que par suite de licences concédées par l'inventeur qu'un grand nombre de fabricants de Sédan et d'Elbœuf ont pu exploiter ce nouveau procédé, qui est tombé aujourd'hui dans le domaine public, non sans avoir procuré à son habile inventeur honneurs et richesses. Ce genre de drap velours n'est nullement dû au tissage du drap comme les velours ordinaires, mais au travail qu'on lui fait subir après le *lainage*.

L'apprêt est donc le caractère particulier de ce velours de laine, et son mérite le plus sérieux est d'être appliqué à bien des genres d'étoffes. Il consiste essentiellement dans le battage à *frais*, c'est-à-dire qu'au sortir de la lainerie, l'étoffe est soumise à l'action d'un battage répété, produit par des baguettes mues par la main des ouvriers. Ces baguettes, en désagrégeant le tissu, le fouillent profondément, en recherchent les fils et les forcent à prendre une position *verticale* à la surface de l'étoffe, et il se forme ainsi une étoffe nouvelle composée de fils *dressés*. Aussitôt que cet effet du dressage est complétement produit, on sèche vivement le tissu sur l'une ou l'autre des machines à sécher dont j'ai parlé précédemment, afin de rendre *stable* la position nouvelle, prise par les fils qui composent l'étoffe. MM. E. de Montagnac et fils, ont fabriqué de cette manière des étoffes qui servent encore aujourd'hui de types dans ce genre de fabrication.

e dois à un de nos plus habiles commerçants de Sedan des renseignements précis sur la qualité de ces produits, et après M. de Montagnac il me cite : MM. Labrosse frères, qui ont fabriqué par le même procédé de très-belles étoffes; MM. Sauvage, qui ont appliqué cet apprêt avec un grand succès à leurs étoffes pour vêtements d'hommes et de femmes, et un grand nombre de fabricants qui emploient le même procédé en France et à l'étranger.

Cette invention a surtout ce grand avantage sur d'autres innovations de l'industrie lainière, d'avoir mis à la disposition de la femme des étoffes de laine légères, élégantes et chaudes que la mode a adoptées et qui resteront toujours sous une forme ou sous une autre dans la consommation.

Quand on veut faire du *bouclé*, de *l'ondulé*, ou du *satiné*, on met l'étoffe battue à *poil debout* comme pour le drap à velours dans une machine formée de deux plateaux superposés entre lesquels est placée l'étoffe. Le plateau de dessus garni d'une panne est mû par un mouvement de va-et-vient continu et donne l'apprêt voulu.

Plusieurs fabricants ont cherché, mais sans atteindre leur but complétement, à remplacer dans la fabrication du drap velours le battage du drap, qui ne peut s'opérer que sur des étoffes épaisses et d'un beau lainage, par une application de la carde. Dans ce système le tissu passe sur un rouleau muni de cardes, tournant sur son axe avec une vitesse de 3000 mètres à la minute, et auquel on a donné le nom de *rebrousseur* : le plan de ce rouleau est perpendiculaire à la table ou traverse sur laquelle passe l'étoffe, à la portée des cardes de rebrousseur. Les pointes des cardes fouillent le tissu et forment le velours; mais c'est de la position de la table et de l'inclinaison de son plan sur celui de l'axe du rouleau cardeur que dépend le résultat. C'est au fabricant à juger, d'après la nature du tissu et son épaisseur, de combien de degrés il faudra augmenter ou diminuer cette inclinaison.

M. Vannier, pour rendre ces changements plus faciles, a imaginé un appareil *multiple à tables tournantes*; ces tables tournent, en effet, selon les besoins de la fabrication, au moyen d'un système de volant à encoches, qui les entraîne dans son mouvement, ce qui permet d'en varier la position selon la nature du tissu que l'on veut velouter. M. Vannier fit breveter son système en 1866.

Quelque temps après que le drap velours fut inventé, quelques industriels eurent la pensée d'opérer des enlevages dans l'épaisseur du velouté, soit dans le sens de la longueur, soit dans celui de la largeur de l'étoffe, de manière à lui donner un aspect nouveau, en y formant ainsi des figures quelconques, des lignes, des bandes, etc., d'une manière régulière. Il faut que le drap, sur lequel on opère, soit assez épais pour que les enlevages puissent être pratiqués sans nuire à sa force. Cette opération délicate de l'enlevage se fait avec la *tondeuse*, au moyen d'une *lame-règle* ou *table à saillies*, sur lesquelles on fait passer le drap au moment du tondage. Le tissu mis en relief par places présentera ces places seules à l'action de la tondeuse. On peut se servir de tous les genres de tondeuses *transversales*, *rectilignes*, *tangentielles* ou *hélicoïdales*.

Cette manière d'opérer des enlevages dans l'épaisseur du tissu est assez irrégulière; le tissu ondule souvent, et les enlevages n'ont ni assez de netteté ni assez de régularité. Ces inconvénients ont frappé l'esprit du fabricant habile qui s'était déjà fait remarquer par de précédentes innovations, et M. de Montagnac retourna le problème ; au lieu de présenter une surface en relief pour être rasée par les couteaux de la tondeuse, il imagina de comprimer le tissu dans toutes les parties qu'il voulait soustraire à leur action. C'est ainsi qu'au lieu de la lame, de la règle ou de la table à saillies, placées *sous* le drap au moment où celui-ci passe à la tondeuse, M. de Montagnac place sur le tissu une plaque métallique découpée, qui laisse déborder, à travers les vides formés par les découpures, les poils du tissu que les couteaux de la tondeuse peuvent ensuite enlever avec la plus grande netteté. En employant des plaques de différentes épaisseurs, alternativement et en plusieurs opérations, on peut, en effectuant des enlevages plus ou moins profonds dans la même pièce de drap, produire des effets extrêmement variés. On peut aussi découper sur cette plaque des dessins de toutes espèces (rayures, fleurs et autres objets quelconques), et produire ainsi des étoffes d'une grande richesse. Les plaques peuvent être en cuivre, en bois dur, et même en carton, pourvu que la surface en soit polie, lisse, et par conséquent résistant à l'action des lames de la tondeuse, afin que celles-ci puissent enlever, sans bavure, les fibres, poils ou duvets qui surgissent à travers les découpures de la plaque au moment où le drap passe entre cette dernière et la table sur laquelle elle est ajustée.

M. de Montagnac s'est servi pour ses premiers essais d'une plaque de cuivre jaune de 1/4 de millimètre d'épaisseur, et de 4 centimètres de largeur ; sa longueur est égale à la largeur du tissu. Elle est simplement ajustée et vissée sur la table placée sous la lame de la tondeuse, de manière à laisser passer le tissu et à le comprimer à la fois suffisamment pour forcer le duvet à ressortir par les vides que laisse le dessin découpé. C'est là une question d'ajustage que chaque industriel peut résoudre. Les tables à aspérités peuvent donc être remplacées avec avantage par ce nouveau système que M. de Montagnac a fait breveter en 1867.

Un autre industriel français, M. Quilbœuf, d'Elbœuf, a cherché une voie toute différente pour arriver à un but analogue, c'est-à-dire qu'il obtient, sans enlevage, un produit drapé par l'application de toute espèce de dessins sur les draps velours, frisés, satinés, ou ondulés. Il a aussi pris un brevet en 1868 (n° 79287, pour s'assurer la propriété de son invention.

Celle-ci repose sur le fait bien connu que, chaque fois qu'on produira, au moyen d'une pression, des empreintes sur des tissus de laine, celles-ci deviendront ineffaçables quand on les aura fixées au moyen de la vapeur d'eau bouillante, autrement dit au moyen du décatissage.

M. Quilbœuf a utilisé ce principe, et, au lieu d'enlever des parties de l'étoffe comme dans le système Montagnac, il place son drap sur une table à décatir, puis il pose sur le drap une planche sur laquelle est gravé, en relief ou en creux, le dessin à reproduire. Il serre ensuite les vis du décatissage de manière à comprimer l'étoffe contre la planche gravée, et il lâche la vapeur. Celle-ci fixe d'une manière indélébile les pressions opérées par les reliefs de la planche. En effet, il y a production d'un creux dans le tissu partout où les parties de la planche gravée l'auront comprimé, et auront ainsi diminué son épaisseur, et en même temps il y aura production d'un relief partout où cette pression n'aura pas eu lieu : la vapeur, en agissant par l'action du feutrage sur les fibres de l'étoffe, fixe les dessins ainsi produits dans l'épaisseur du tissu, et cet effet est produit sans que ce dernier perde de sa force. En effet, il n'y a pas d'enlevage produit, le tissu n'est pas mis à nu, et l'abaissement partiel des surfaces n'a pas eu lieu aux dépens de la matière elle-même. C'est là le mérite incontestable de la manière d'opérer de M. Quilbœuf; je ne crois cependant pas qu'on puisse confondre les produits qui résultent des deux procédés que je viens de décrire, et chacun conservera sa place spéciale dans le commerce de la draperie.

MM. Puech, Fournier et Vallot ont fait une application sur draperies d'un genre d'apprêt auquel ils ont donné le nom de gaufré, moiré, et qu'ils ont fait breveter en l'année 1867.

Ils ont modifié à cet effet les appareils à *carder* et à *brosser*, dont j'ai parlé précédemment, en disposant les cardes et les brosses qui garnissent les tambours dans des sens différents, et de telle sorte que les poils du drap, qui passent sur ces cylindres ou tambours, puissent être brossés et cardés, c'est-à-dire couchés dans des directions différentes, au même moment, et d'après la position que l'on a donnée aux cardes et aux brosses. On comprend facilement que, selon la disposition de ces dernières à la surface des tambours, on produira sur le drap des effets de rayures, de moiré, de fleurs même, et que, au moyen de fortes pressions que l'on fera subir ensuite à ces draps, et du décatissage, on fixe cet apprêt sur les draps que l'on a traités comme je viens de l'expliquer. C'est là une nouvelle et ingénieuse application de la carde aux apprêts des draps nouveauté.

Certains draps nouveauté ont besoin d'un encollage ou apprêt pour atteindre le degré de force nécessaire à l'usage auquel ils sont destinés, et que la qualité du tissu ne comporte pas par elle-même. On les encolle généralement avec de la dextrine, de la gomme ou toute autre matière amylacée dissoute dans de l'eau. On les sèche après cet encollage, comme je l'ai dit à propos des autres tissus, sur des cylindres sécheurs, ou à la rame, puis on les calandre et on les plie entre des cartons pour les placer sous presse, comme les tissus légers, tels que la mousseline laine, le mérinos, etc. M. Descourbet a fait breveter en 1868 un système d'apprêt qui a pour but d'assouplir le tissu encollé; à cet effet, il lui fait traverser des cuves à vapeur à la sortie desquelles il le sèche sur des cylindres sécheurs.

Ce mode d'apprêt est tout à fait analogue à celui que M. Chevenard fit breveter, en 1864, sous le nom d'*apprêt souple et lustré*. Cet industriel encolle son tissu, le sèche, le calandre, puis lui fait traverser une grande caisse pleine de vapeur d'eau bouillante, dans laquelle quinze roulettes conduisent la pièce de drap dès son entrée dans la caisse jusqu'à sa sortie, où elle est enroulée sur un cylindre. La vapeur ravive les couleurs et donne plus de lustre au tissu.

Quand le tissu ou drap que l'on veut apprêter a besoin d'être bien imprégné par l'encollage, les moyens ordinaires ne sont quelquefois pas suffisants pour que la solution gommée à la dextrine pénètre bien dans toutes les parties du tissu. M. Laberie a imaginé, il y a une dizaine d'années, une machine à apprêter qui porte son nom. Cet appareil, appelé *laberine*, consiste en un baquet plein d'apprêt, et qui laisse échapper celui-ci par une ouverture longitudinale sur une brosse cylindrique à longs poils, placée au-dessous de lui. Cette brosse, en tournant sur son axe, rencontre, comme dans l'humecteur que j'ai décrit au commencement de cette étude, un point d'arrêt ou règle; en passant sur cet obstacle, les poils de la brosse plient, puis se relèvent avec force en lançant la colle dont ils sont enduits contre le tissu qui passe au-dessous d'eux. La pièce ainsi aspergée est ensuite dirigée par le moyen de deux roulettes sur un rouleau autour duquel elle s'enroule. Au-devant de ce rouleau, est placé un battoir ou foulon à ressort, mû par une roue à arêtes. Celles-ci, en poussant dans leur mouvement une extrémité du levier à l'autre bout duquel est placé le foulon, forcent ce dernier à s'écarter un instant du rouleau de drap; aussitôt après, le ressort, agissant en sens inverse, force le foulon à retomber contre le rouleau de drap pendant le mouvement de l'enroulage. Le foulon, en frappant ainsi le drap à mesure qu'il s'enroule, force l'apprêt qu'il a reçu à la surface à pénétrer dans son intérieur et à faire corps avec lui. Le drap est ensuite séché au tambour à rames, pressé, et plié pour la mise en vente. Ce genre d'apprêt ne s'applique qu'aux draps communs du Midi, et aux draps mélangés de coton, comme il s'en fabrique beaucoup depuis quelque temps, et surtout en Angleterre.

Les draps nouveauté pour habillement d'homme ont à lutter contre les draps légers, laine pure et laine mêlée de coton, teints en couleur unie, puis imprimés en rouleau, en rayures ou en dessins quelconques d'une couleur plus foncée que celle du fond. La couleur noire est la plus généralement employée. On obtient ainsi de fort jolies étoffes de fantaisie d'un prix relativement modique, qui imitent les draps tissés, dont ils rappellent les dispositions. C'est surtout aux imprimeurs des environs de Paris que les fabricants de Reims, de Lille, d'Elbœuf, etc., confient l'impression de ces genres de draps ; la maison Godefroy et fils est sans contredit celle qui a le mieux réussi cette fabrication, fort simple du reste, et j'ai eu l'occasion d'en faire la remarque en parlant des tissus de laine imprimés. J'ajouterai à cette nomenclature forcément incomplète la description de l'appareil (fig. 14) que M. Porée a fait récemment breveter pour l'apprêt des draps foulés à la bourre.

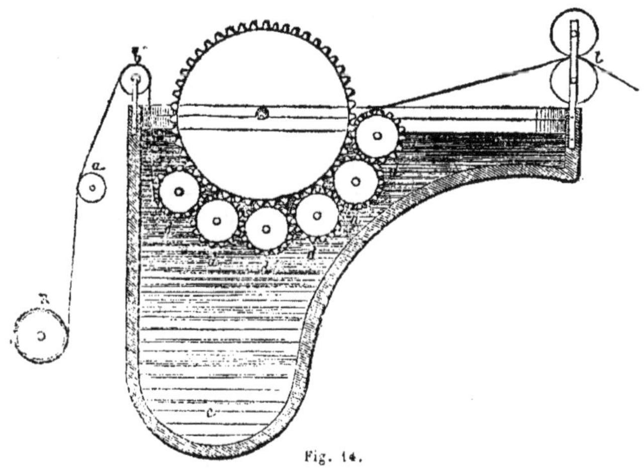

Fig. 14.

Le drap enroulé en R passe sur les rouleaux *a*, *b*, pour entrer dans la cuve *c*. Cette cuve *c* contient l'apprêt dont je donnerai la composition plus loin.

d, *d*, *d*, *d*, *d*, *d*, sont six rouleaux cannelés marchant à l'encontre l'un de l'autre, et entre lesquels passe le tissu que l'on apprête.

R, est une roue munie d'engrenages, qui fait mouvoir les rouleaux cannelés.

l est un rouleau d'appel qui sert à tirer la pièce de drap de la cuve d'apprêt et à la diriger au moyen d'autres roulettes sur le cylindre à ramer et à sécher.

L'apprêt qu'emploie M. Porée est composé de deux préparations qu'il mêle ensuite ensemble et auxquelles il ajoute assez d'eau pour former un volume de de 1000 litres.

PREMIÈRE PRÉPARATION. — 100 litres eau ; 10 kilog. huile de colza ; 10 kil. graines de lin ; 500 grammes alcali.

DEUXIÈME PRÉPARATION. — 100 litres eau ; 5 kilogr. savon ; 10 kil. colle forte ; 500 grammes borax ; 500 grammes sel ammoniac.

Terminons cette rapide analyse des apprêts des draps par quelques mots sur la fabrication du drap feutre. Il est probable que la propriété que la laine possède, à un haut degré, de se *feutrer*, a donné aux peuples les plus anciens la première idée de la fabrication du drap, longtemps même avant l'invention du filage et du tissage. Le drap feutre fut donc l'étoffe la plus naturelle et la première employée par l'homme. En effet, le feutre était connu dès la plus haute antiquité, et aujourd'hui encore quelques peuples du Nord, certaines peuplades nomades d'autres contrées et les Arabes, fabriquent du feutre à leur usage, en frottant simplement de la laine entre deux planches. Cependant, malgré la simplicité de sa fabrication, malgré l'antiquité de son origine, le feutre fut longtemps abandonné à la petite industrie, et ce n'est que depuis une trentaine d'années à peine que l'on a essayé de le fabriquer mécaniquement et en pièces continues. Bien des essais infructueux furent tentés dans cette voie en France et en d'autres pays, mais ce n'est qu'à l'esprit d'invention de deux Américains, Wells et William, que l'on doit les procédés encore en usage aujourd'hui et qui n'ont pas été sensiblement modifiés depuis l'époque de leur découverte.

Les principales conditions d'un bon feutrage sont le *frottement*, la *chaleur* et l'*humidité*; il fallait donc trouver un appareil qui les réunit toutes, et pût fonctionner d'une manière continue. Les inventeurs américains que je viens de citer consacrèrent plus de quinze années à l'étude, avant de s'arrêter au système qu'ils adoptèrent. Leur procédé fut importé ensuite en France et en Angleterre, et c'est aujourd'hui de ce dernier pays que nous viennent en grande quantité ces draps de feutre imprimés pour tapis, que l'on peut acheter dans la plupart de nos magasins à des prix modiques.

La laine subit d'abord les mêmes opérations de dégraissage, nettoyage et de battage que j'ai décrites pour la fabrication du drap tissé ; quand elle est bien nettoyée, elle est cardée sur des machines semblables à celles que l'on emploie ordinairement ; cependant elles sont plus énergiques, le nombre de tambours garnis de cardes en fil métallique est de trois, et c'est autour de ces grands cylindres cardeurs que tournent d'autres petits cylindres aussi munis de cardes et servant à la laine de véhicule d'un grand tambour à l'autre. C'est du dernier de ces tambours que la laine est détachée au moyen d'une *lame métallique* qui la fait tomber en couche sur un tablier sans fin qui doit avoir la longueur de la pièce de drap que l'on veut fabriquer. La couche de laine s'enroule sur ce tablier un certain nombre de fois pour former une nappe plus ou moins épaisse, que l'on nomme *bat*. L'épaisseur dépend du nombre de couches successives de laine qui se seront déposées à chaque évolution complète du tablier ; et ce nombre varie de 20 à 30, selon la qualité du drap que l'on veut fabriquer. On a intérêt à lui donner le plus d'épaisseur possible, depuis que l'on est parvenu à le refendre par un sciage mécanique parfaitement régulier. MM. Maseron et Desbrosses, qui se sont occupés, il y a plus de vingt ans, des applications du feutre scié, ont été des premiers à les faire imprimer comme d'autres tissus de laine.

Je me souviens qu'au commencement de ma carrière, en 1844, je m'occupai beaucoup, dans le grand établissement de Wesserling, de ce genre d'impressions, et que nous réussîmes à reproduire des dessins pour tapis d'une grande richesse. C'était le premier établissement de l'Alsace qui s'occupât de ce genre d'impressions ; depuis lors cette fabrication s'est répandue, mais c'est surtout en Angleterre qu'elle a pris le plus d'importance, à cause de l'usage du tapis répandu dans toutes les classes de la société. C'est aussi à cette époque que M. Desbrosses parvint à donner aux draps imprimés l'apparence d'une tapisserie au petit point; il produisit cet effet par un procédé de gaufrage spécial.

Mais revenons à la fabrication du drap feutre. Aussitôt que l'épaisseur des couches de laine formées autour de la toile sans fin est suffisante, on coupe la *nappe* et on l'enroule sur un rouleau pour la porter au *feutrage*.

Cette opération se divise en deux parties, qui ont pour but l'une de feutrer en long et l'autre en large, c'est-à-dire d'emboîter les fibres de la laine les unes dans les autres, d'abord dans un sens, puis dans un autre.

Le *hardeneur* est la machine à feutrer en largeur; cet appareil se compose de deux rangées de vingt rouleaux placés horizontalement et superposés de manière à faire autant de laminoirs. Ces rouleaux, placés ainsi par paires, sont en fonte et se meuvent en sens inverse et dans la longueur de la pièce, afin de faire avancer la *nappe* tout en la pressant; ils sont en outre mus par un mouvement de va-et-vient dans le sens de la largeur, ce qui occasionne le frottement nécessaire à la production du feutrage. L'humidité et la chaleur sont communiquées à la pièce au moyen de tuyaux à vapeur percés de trous, et de tables ou plaques de fonte chauffées à la vapeur, semblables à celles dont on se sert pendant l'impression des tissus au rouleau ; de plus, la pièce repose sur un tablier mouillé. Les trois conditions nécessaires au feutrage se trouvent donc remplies. Il faut passer la nappe de laine plusieurs fois au hardeneur, et pendant ces passages le *bat* fort épais dans le principe s'amincit peu à peu et finit par faire une masse consistante et formant étoffe. Le feutrage en large est terminé ; on porte alors la pièce aux *plankeurs*, qui se composent d'un nombre triple de paires de rouleaux, disposés de telle sorte que ceux supérieurs viennent poser entre les rouleaux inférieurs. De plus, le mouvement de ces rouleaux est alternativement de 4 à 5 centimètres en avant, et de 2 centimètres en arrière, ce qui occasionne un mouvement en avant de la pièce de deux centimètres. Cette rotation alternative des rouleaux plankeurs dans un sens et dans un autre produit un frottement et par suite le feutrage de la laine dans le sens de la longueur. La pièce passe entre deux toiles qui sont imbibées continuellement d'eau de savon chauffée à la vapeur. Deux passages au plankeur suffisent pour le feutrage de la laine, tandis qu'il faut cinq à six passages au hardeneur.

Le drap feutre ainsi formé est ensuite foulé, ramé, tiré à poil, tondu, pressé, décati, etc., comme les draps ordinaires. Son usage principal est de servir à la fabrication de tapis de pied imprimés, et de draps grossiers, peu perméables, qui sont employés dans la confection de manteaux, de paletots, etc.

Je suis arrivé au bout de ma tâche, et si je n'ai pu décrire tous les genres d'apprêts des tissus, avec autant de détails que je l'aurais désiré, c'est au peu d'espace dont je puis disposer qu'il faut l'attribuer. Il m'a fallu dans cette dernière étude, comme dans celles qui l'ont précédée, aborder la question d'une manière générale et n'entrer dans les détails que pour mieux faire comprendre au lecteur les progrès réalisés dans cette industrie. Ayant déjà parlé précédemment, à l'article des Tissus imprimés, de ce qui touche à leurs différents apprêts, je me suis moins arrêté à ceux-ci en donnant un peu plus de développement à l'article des Draps dont je n'avais pas encore fait mention. Le *Traité de fabrication des tissus* de M. P. Falcot et le *Traité de chimie, appliqué aux arts* de notre illustre maître M. Dumas, m'ont fourni quelques détails qui sont connus depuis longtemps, mais qui cependant avaient leur place marquée dans cette dernière étude.

Le drap tissé, qui remplaça le drap feutre, est une invention moderne du treizième siècle, et ce sont les Flamands et les Hollandais qui les premiers en fabriquèrent en Europe. L'Angleterre leur vendit d'abord la laine de ses nombreux troupeaux, et ce ne fut que plus tard qu'elle leur emprunta l'art même de faire les couvertures de laine et le drap.

Cette introduction en Angleterre d'une industrie déjà si prospère en Flandre doit surtout être attribuée à la prohibition du commerce de la laine édictée par le roi Édouard en 1336, pour punir Louis de Nevers, comte de Flandre, d'avoir suivi le parti de Philippe de Valois dans sa guerre avec l'Angleterre. Les ouvriers flamands, privés de travail, émigrèrent alors dans ce dernier pays, et parmi eux on cite surtout les frères Blankett, qui y firent fortune, et dont l'un devint en 1349 bailli de Bristol. Vers 1420, ce sont les ouvriers drapiers chassés de Louvain, à la suite d'une émeute, qui vont donner une nouvelle impulsion à l'industrie drapière de l'autre côté de la Manche.

L'histoire de l'industrie anglaise est remplie de ces surprises, et tel art que l'on croyait né en Angleterre, est reconnu, quand on remonte à sa source, pour avoir son origine dans d'autres contrées. C'est ainsi que plus tard, en 1550, les habitants de Cambrai vont fabriquer la batiste (*cambric*) en Angleterre ; que les dentelliers de Valenciennes, les tisserands de Meaux, les marchands de Rouen, les verriers de Paris, les constructeurs de navires de Dieppe, en un mot que tous les réfugiés calvinistes chassés de la France par les guerres et les massacres religieux, s'établissent à Londres et y importent la fabrication française qui faisait déjà loi en Europe à cette époque. En 1567, plus de cent mille Flamands quittent leur pays ; le sac d'Anvers, vingt ans plus tard, chasse le tiers de la population qui se réfugie en Angleterre et y importe la filature et le tissage de la soie. Les habitants de Liége suivent le même exemple, et c'est à eux que la métallurgie de Sheffield, primitivement établie à Shotley Bridge, doit son origine.

Les Anglais sont donc le troisième peuple qui connut la grande industrie des draps, et ce n'est que sous Henri IV qu'elle fut introduite en France. Mais depuis lors que de progrès réalisés ! La fabrication y prend la plus rapide extension, et les draps de Louviers, de Sedan, d'Elbœuf, sont bientôt connus du monde entier pour leur beauté et leur finesse. Plus tard, Châteauroux, Romorantin au centre, Bédarieux, Vienne, Castres, Lodève, Carcassonne, Montauban, Mazamet et Saint-Pons au midi, Mulhouse, Bischwiller et Nancy à l'est, voient s'élever autour d'elles de nombreuses fabriques de drap, dont les prix peu élevés permettent d'en répandre l'usage dans toutes les classes, même les moins aisées de la société.

La fabrication de draps d'Amiens, qui avait une grande importance au dix-septième siècle, se transporta en Angleterre lors de la révocation de l'édit de Nantes, si fatale à notre industrie nationale, et qui vint achever l'œuvre destructive commencée à l'époque de la Saint-Barthélemy. En effet, c'est en 1685 que Coutances perdit, toujours au profit de l'Angleterre, ses belles fabriques de toile fine, Amiens celle des draps, Abbeville celle des passementeries qui faisaient leurs richesses. C'est aussi en ces jours lugubres que Caen est abandonné, que Rouen perd plus de dix mille de ses plus industrieux habitants qui émigrèrent et portèrent ailleurs, et surtout en Angleterre, les perfectionnements et les inventions qui rendaient notre industrie une des plus prospères du monde à cette époque. L'importation de nos produits en Angleterre s'élevait alors à plus de 60 millions de fr., tandis que les Anglais importaient en France pour 25 millions à peine.

Malgré les pertes immenses qu'éprouva la France, elle se releva peu à peu de la destruction presque totale de son industrie et de son commerce, et si la supériorité des fabricants français dans le tissage et l'apprêt des draps ne s'est pas maintenue d'une manière absolue, elle ne s'est pas moins affirmée par une production qui se perfectionne chaque jour davantage, grâce à l'énergie et à l'intelligence de nos grands industriels.

Pour constater cette vitalité, après tant de luttes, il me suffira de citer les grands établissements de foulerie et d'apprêts de laine cardées des Margotin; ceux des apprêts de mérinos des Neuville et Minelle ; les fabriques des Montagnac, des Cunin-Gridaine, des Labresse, des Demar, des Dollfuss-Dettwiller, de

Mieg, des Bellet et Benoît, et de tant d'autres qu'il serait trop long d'énumérer ici.

Je puis donc dire, en résumant cette dernière étude, que si l'Allemagne et l'Autriche ont exposé de fort beaux draps tissés ; si la Belgique occupe un rang honorable dans cette fabrication ; si l'Angleterre excelle dans la production de ses usines, c'est-à-dire de ses étoffes mélangées de coton ; si la Russie s'est fait remarquer par la force de ses draps de Pologne, par la variété de ses draps du gouvernement de Moscou, de ses feutres, de ses draps en poils de chameau de Saratow et de Simbirsk ; en un mot, si tous ces pays ont suivi la voie des progrès et ont fait de grands et louables efforts pour perfectionner leur industrie, c'est surtout à la France que l'on doit attribuer les innovations les plus heureuses, et c'est à elle qu'appartient la supériorité dans les articles de draps nouveautés. Cette supériorité incontestée n'empêche pas qu'elle ait conservé un rang élevé dans la fabrication des draps unis, et que les articles de Sedan, d'Elbœuf, etc., soient toujours fort recherchés. La concurrence que font à ses produits ceux des autres nations, sur les marchés étrangers et même sur ceux de l'intérieur de la France, devient cependant chaque jour plus redoutable, nos industriels ne peuvent se le dissimuler, et ils s'efforcent de se maintenir à la place qu'ils occupent en conservant à leurs étoffes la solidité, la souplesse et la variété qui en font le prix.

Les progrès réalisés dans les apprêts des draps consistent surtout dans l'emploi des machines à battre, à rebrousser, à ramer mécaniquement ; mais l'innovation la plus heureuse qui se soit faite dans cette branche importante de l'industrie lainière, celle qui a donné depuis douze ans naissance à tant de genres variés, à tant d'étoffes nouvelles, est celle du drap velours, si heureusement inventé par M. de Montagnac, de Sedan. Si la vogue de ce genre d'étoffes commence à passer, sa fabrication n'en a pas moins donné naissance à une foule d'articles qui resteront comme des types dans la grande industrie des draps, et c'est là le mérite le plus grand d'une invention.

Si j'ai eu la bonne fortune d'avoir pu constater la supériorité de l'industrie française dans la plupart des différentes fabrications qui ont fait l'objet de mes études, je n'en n'ai pas moins eu de fréquentes occasions de rendre pleine justice aux industriels étrangers, qui se sont montrés souvent nos égaux et quelquefois nos maîtres.

La grande Exposition de 1867 n'a peut-être pas répondu à toutes les espérances de certains spéculateurs, mais le grand but d'utilité générale que la France avait en vue en faisant un appel à toutes les nations du globe, celui de resserrer leurs relations commerciales et de les éclairer réciproquement sur la valeur industrielle de chacune d'elles, ce but a été atteint complétement. Le doute n'est plus permis à cet égard, et les liens commerciaux qui se resserrent chaque jour davantage entre elles nous en donnent la preuve convaincante.

Je termine ici mon long travail en exprimant encore une fois le vif désir que j'éprouve d'avoir rempli ma tâche avec impartialité et d'avoir réussi à intéresser le lecteur au développement des industries dont je l'ai entretenu.

Paris. — Imprimerie et librairie de E. Lacroix, rue des Saints-Pères, 54.

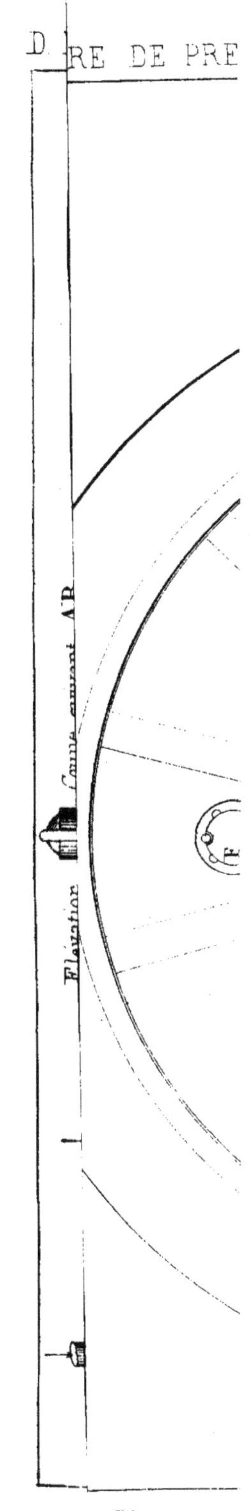
D
RE DE PRE
Elévation
Coupe suivant AB
F
s,54

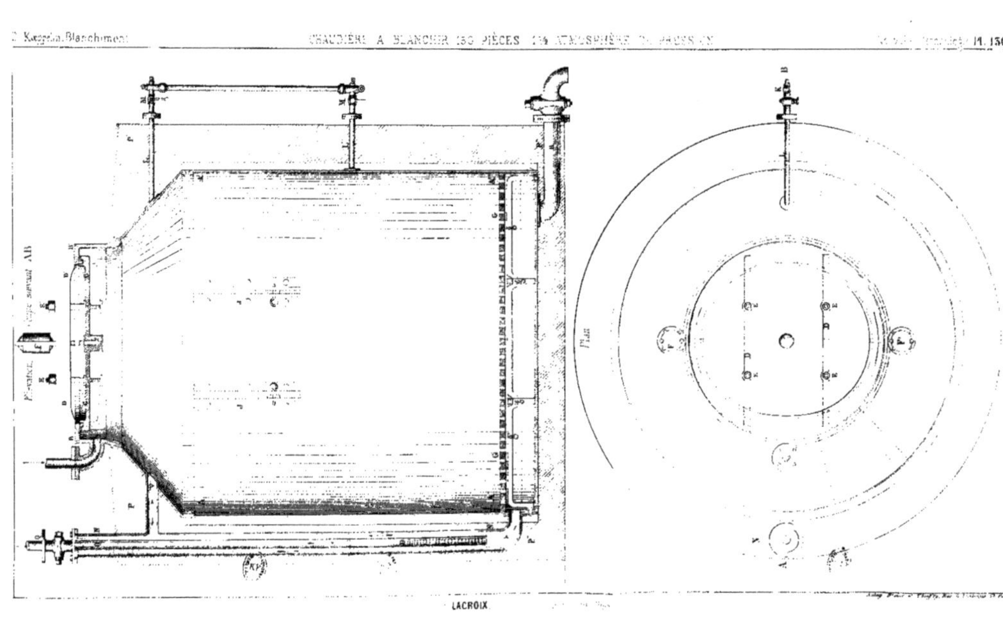
C. Koechlin. Blanchiment
CHAUDIÈRE A BLANCHIR 150 PIÈCES 1½ ATMOSPHÈRE DE PRESSION
Pl. 130.
Élévation, coupe suivant AB
Plan
LACROIX

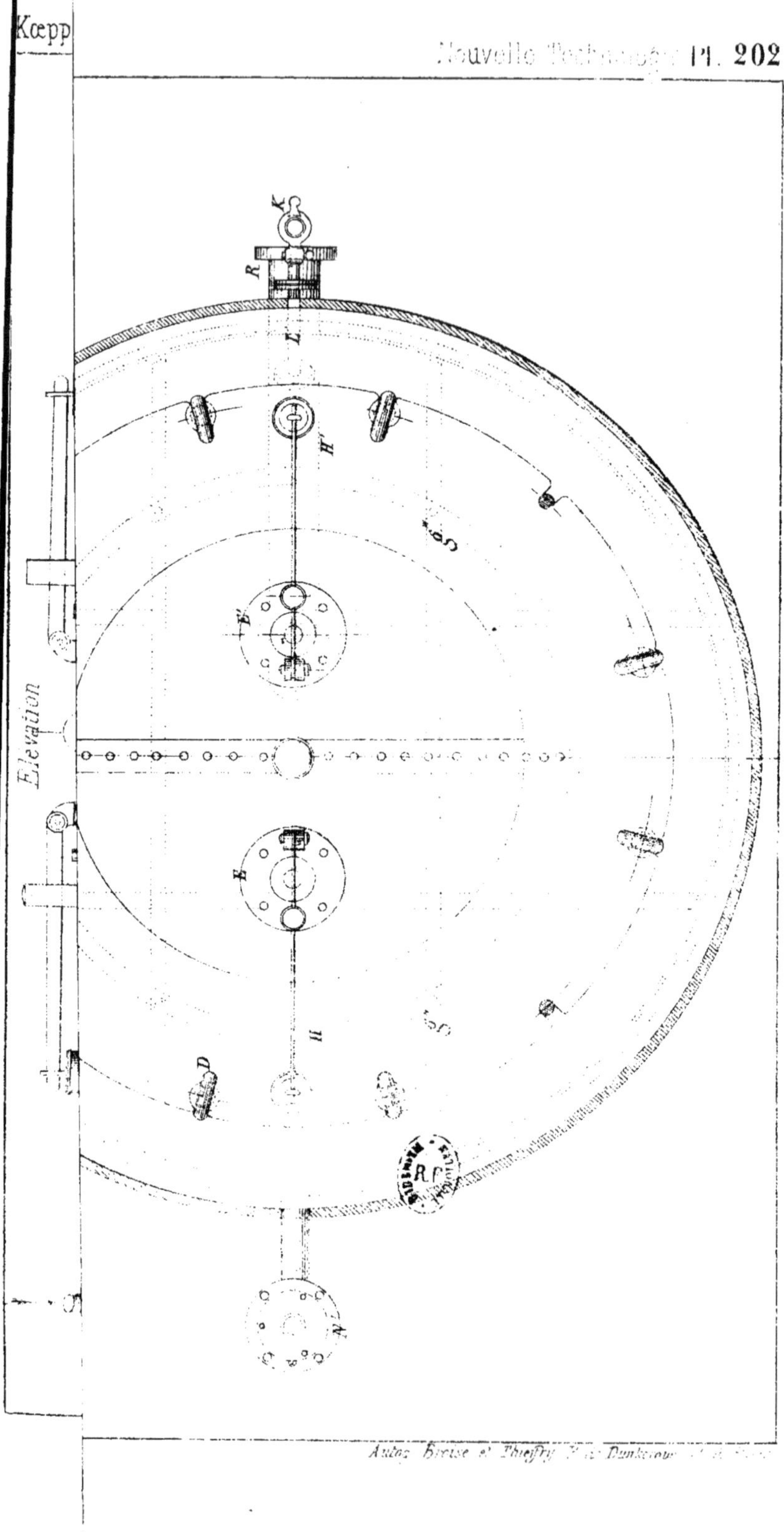

Autog. Broise et Thieffry ... Dunkerque

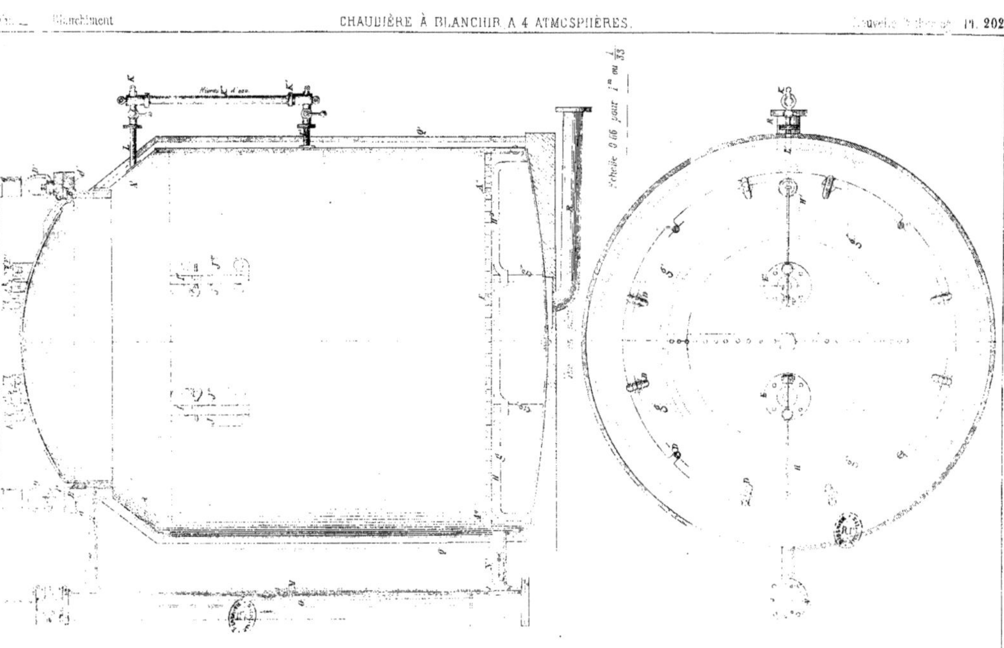

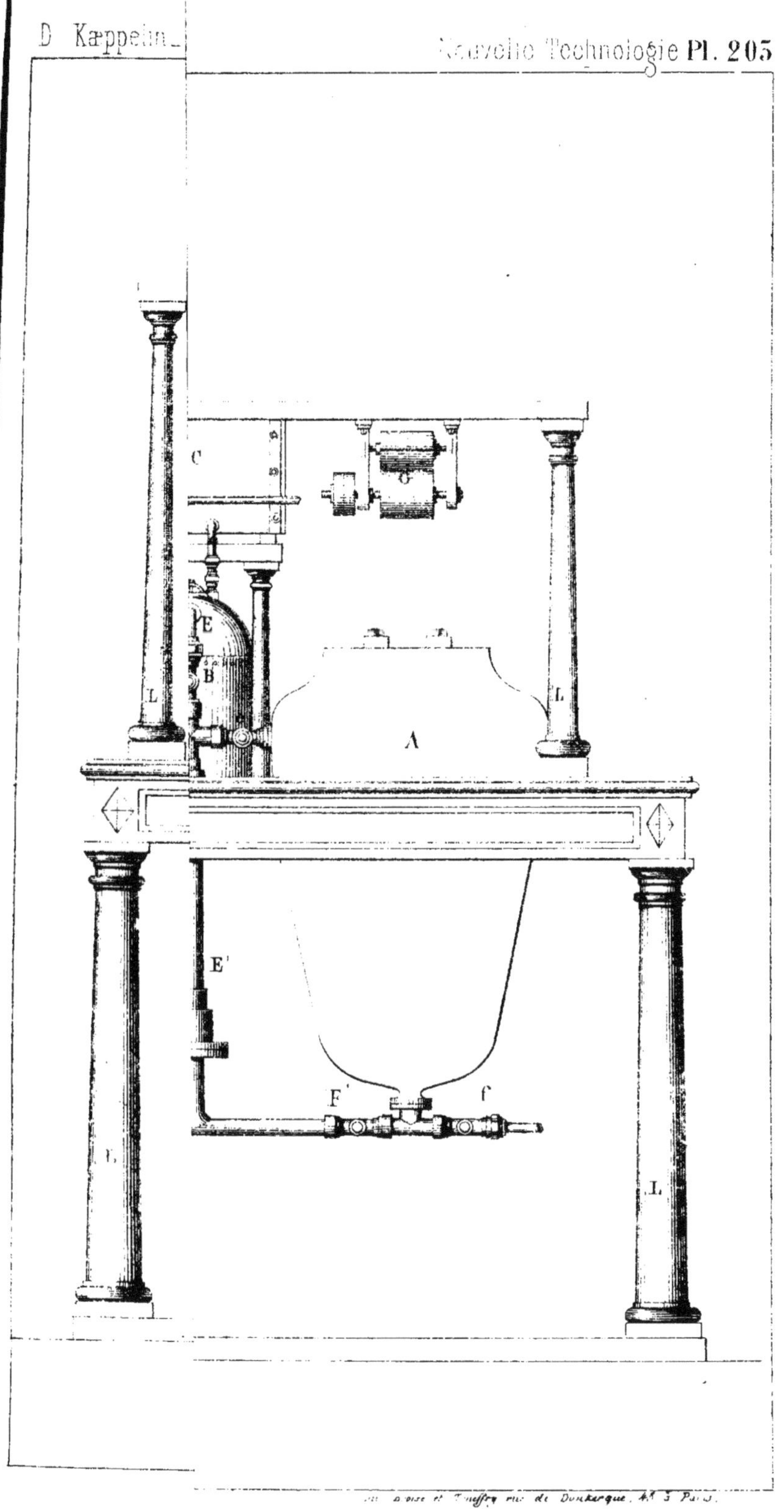

...oise et Tinuffry rue de Dunkerque, 41 3 Paris.

APPAREILS DU SYSTÈME WADDINGTON.

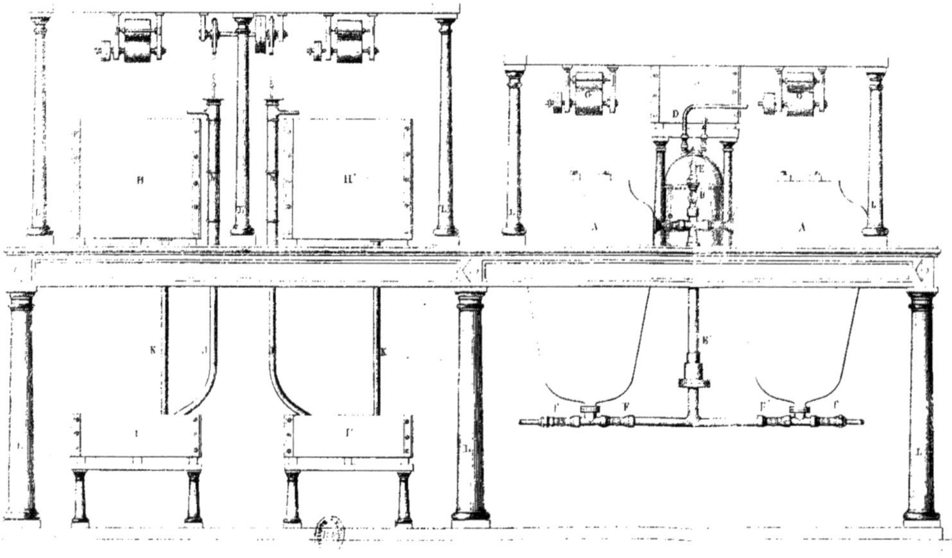

Paris, Eugène LACROIX, [illegible]

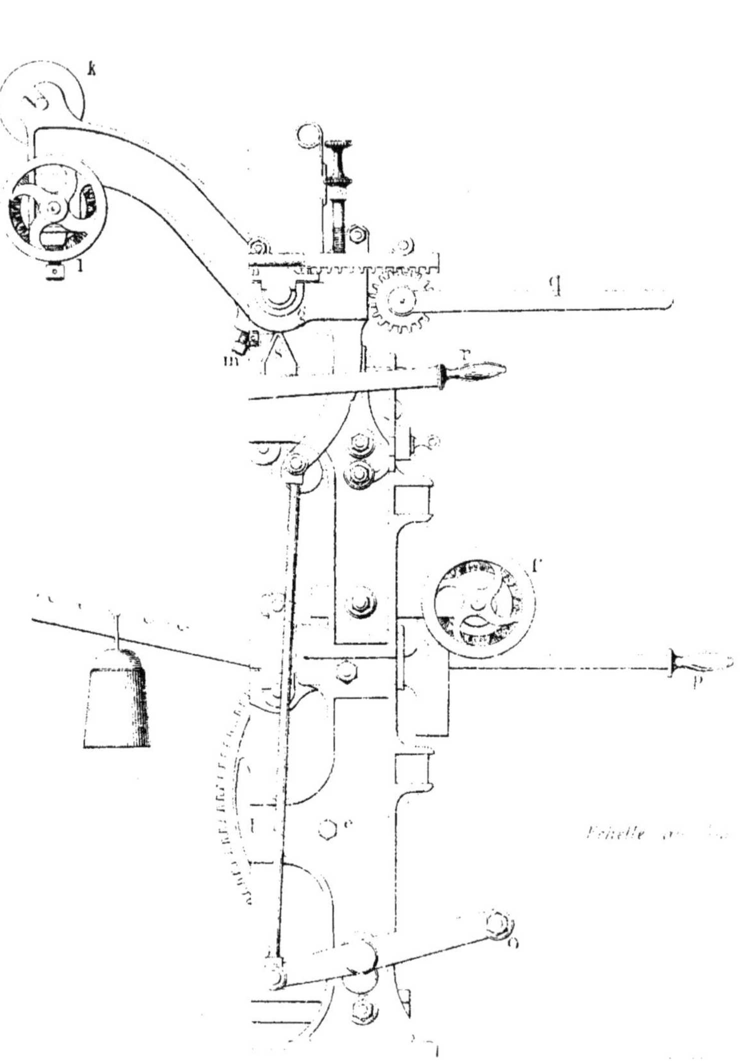
k
l
m
q
r
p
o

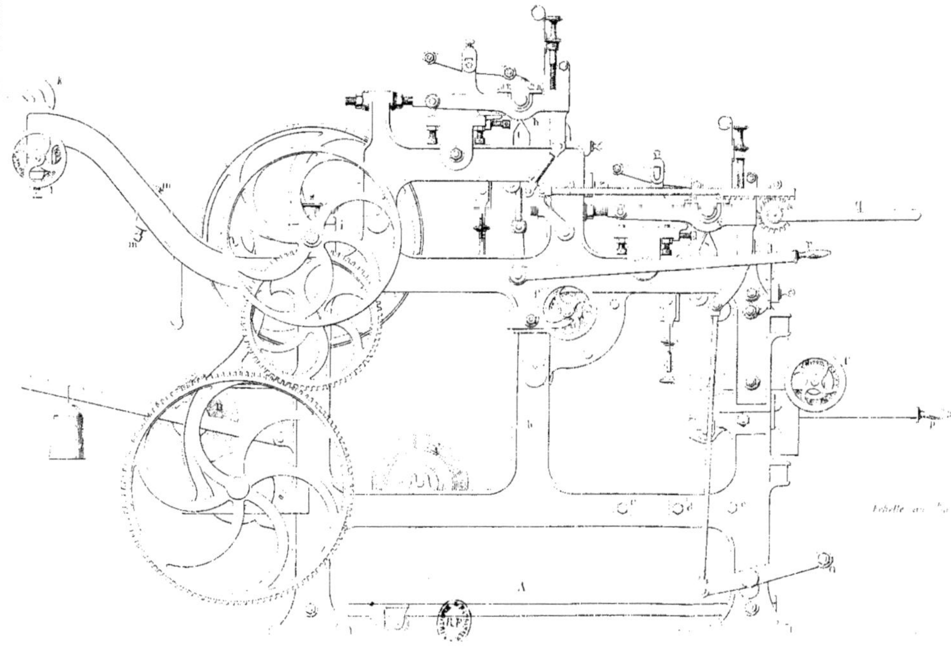

TONDEUSE A 2 PORTE LAMES

Échelle au ⅒

Paris, Eugène LACROIX, Éditeur, 15, Quai Malaquais.

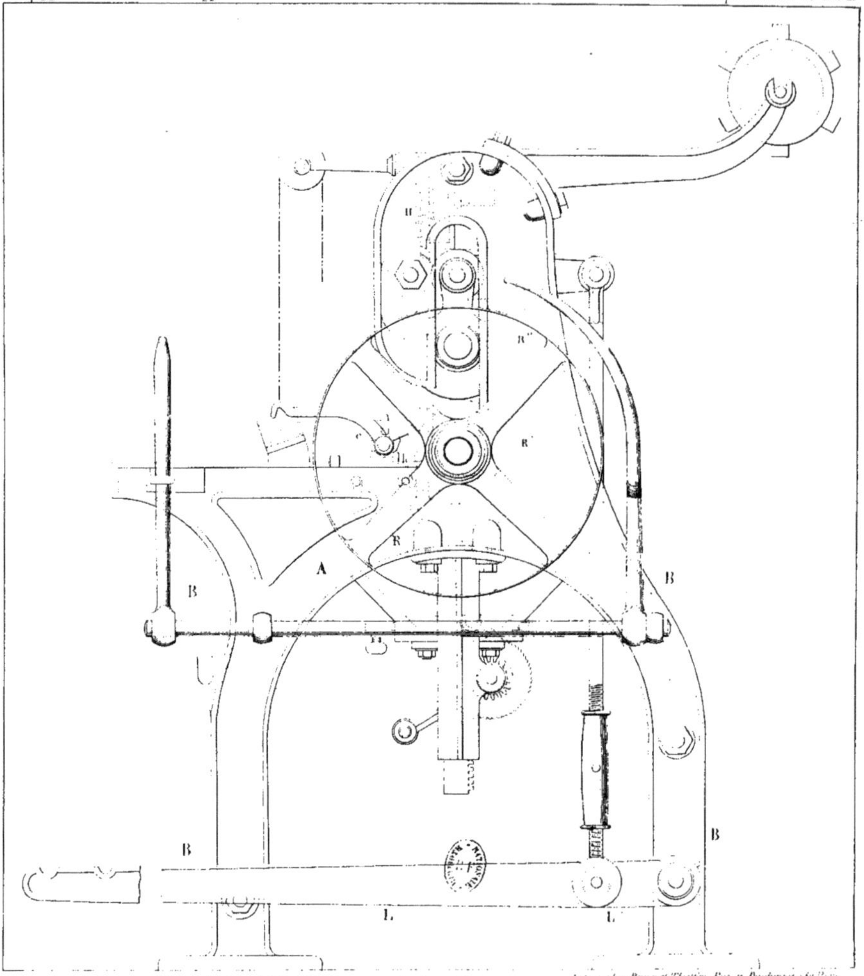

FOULARD A PLAQUER

A B B B B L L R R' R''

Paris, Eugène LACROIX, Directeur, 15, Quai Malaquais.

Autographie Broise et Thieffry Rue de Dunkerque ... Paris

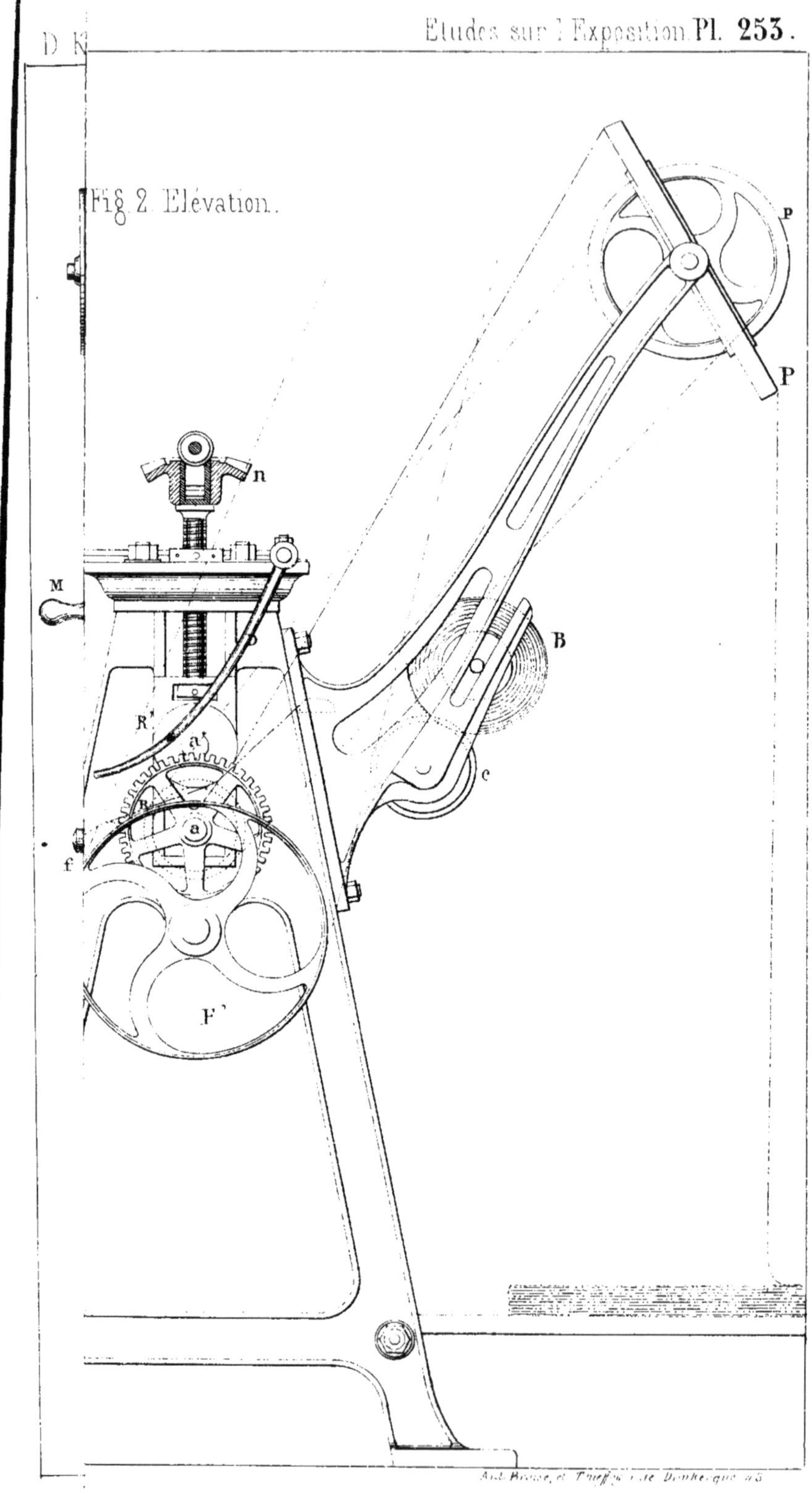
D K
Fig. 2. Élévation.
p
P
n
M
B
R'
a'
R
a
c
f
F'

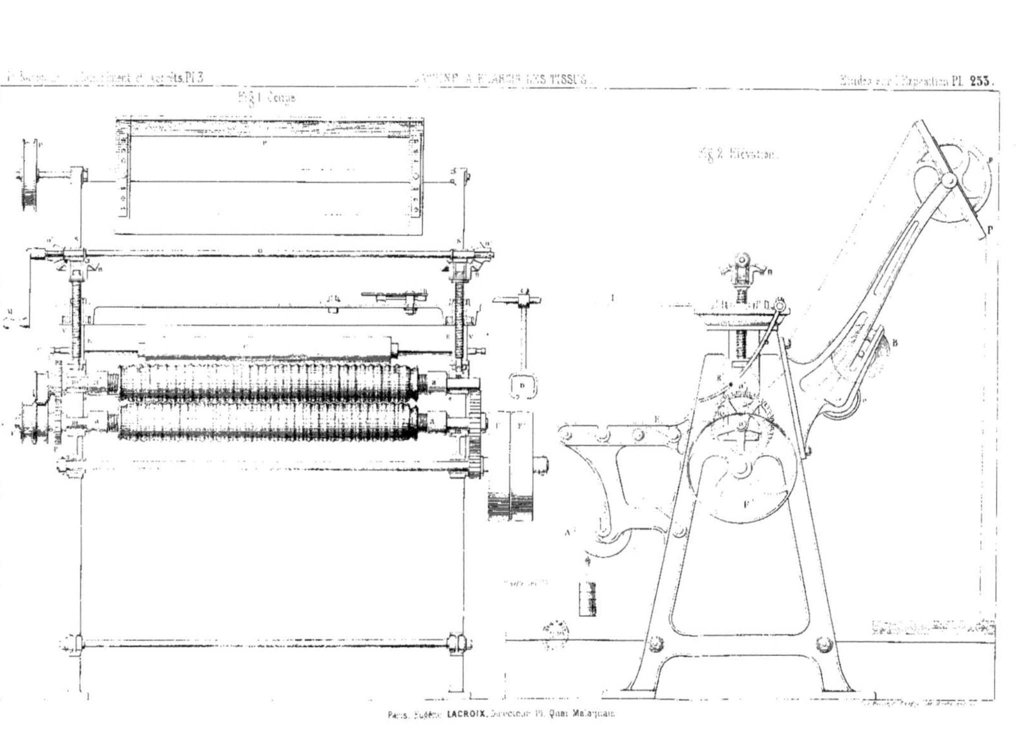

Paris. Eugène LACROIX, Directeur 15, Quai Malaquais

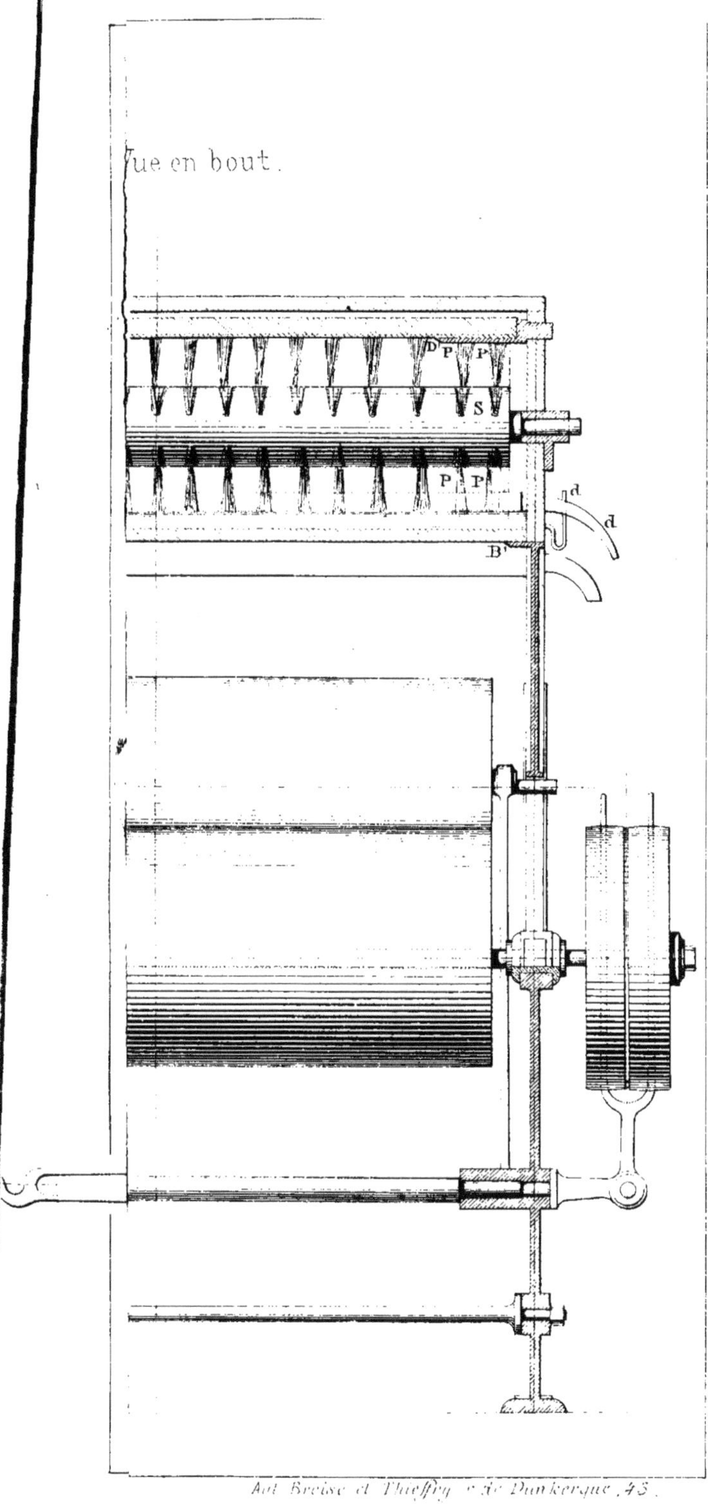

Ad Breise et Thieffry r. de Dunkerque, 43.

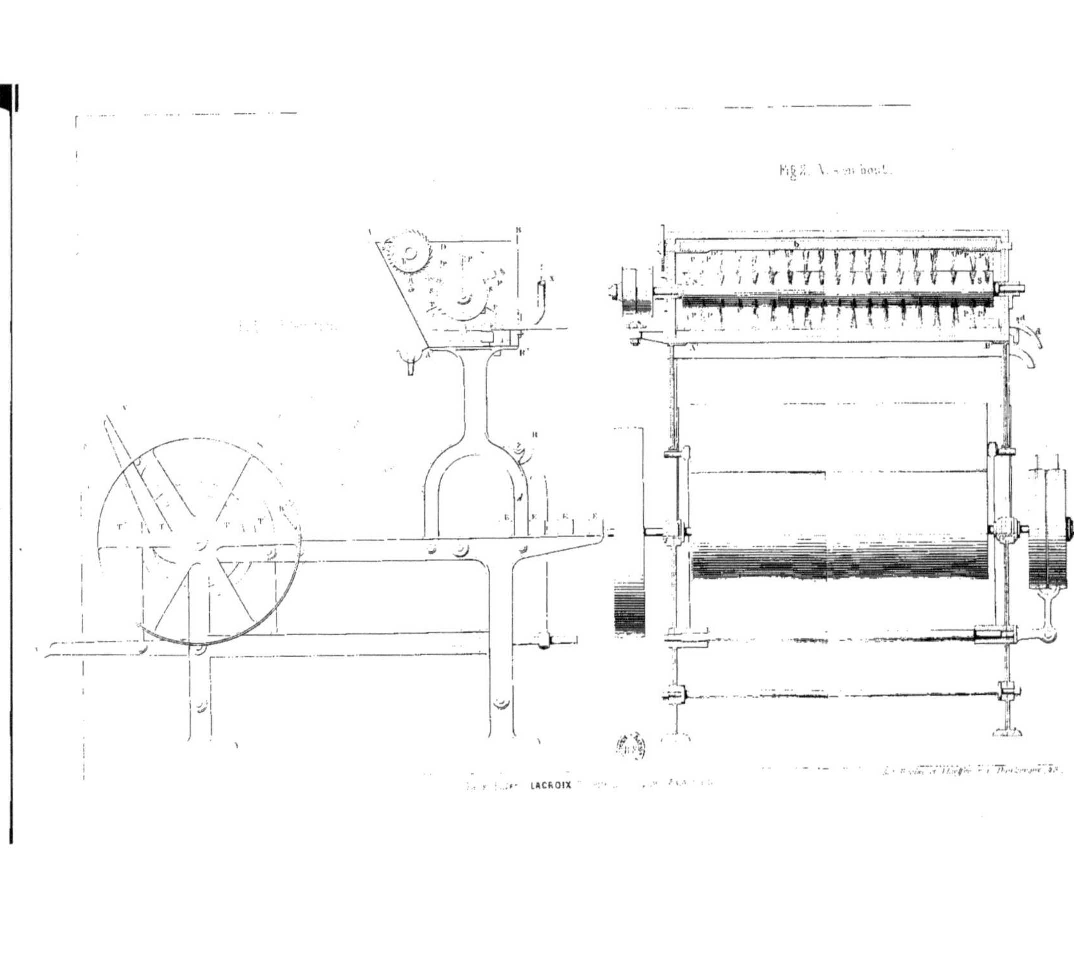

Publication trimestrielle. 2 fr. par an.— Le n° : 75 c.

BIBLIOGRAPHIE

DES

INGÉNIEURS, DES ARCHITECTES

DES

CHEFS D'USINES INDUSTRIELLES

DES

ÉLÈVES DES ÉCOLES POLYTECHNIQUE ET PROFESSIONNELLES

ET DES AGRICULTEURS

REVUE CRITIQUE DES LIVRES NOUVEAUX

PAR

E. LACROIX

Membre de la Société industrielle de Mulhouse, de l'Institut royal des Ingénieurs hollandais, et de la Société des Ingénieurs de Hongrie.

Directeur et Fondateur des *Annales du Génie civil*

IVe SÉRIE, Nos IX ET X.

PUBLICATIONS DU 1er ET DU 2me TRIMESTRE 1868.

Prix du n° : 1 fr. 50

Avis. — Tous les ouvrages sans indication de prix n'ont pas été destinés à être livrés dans le commerce ; nous prions donc nos abonnés de ne pas nous en adresser la demande, nous ne pourrions que très-rarement les satisfaire. A cette occasion, nous prions ceux de nos lecteurs qui seraient en possession de quelques-uns de ces ouvrages qui, pour eux, deviendraient sans utilité, de vouloir bien nous en proposer l'acquisition, pour nous aider à compléter notre collection et celle de quelques-uns de nos abonnés.

Nous rendrons compte de tous les ouvrages (concernant les sciences, l'industrie et l'agriculture) dont il aura été adressé deux exemplaires au bureau de la rédaction, 15, quai Malaquais.

PARIS

LIBRAIRIE SCIENTIFIQUE, INDUSTRIELLE ET AGRICOLE

Eugène LACROIX, Éditeur

Libraire de la Société des Ingénieurs civils.

QUAI MALAQUAIS.

On trouve tous les numéros de ce Recueil, et on peut se procurer les ouvrages dont il fait mention, à Paris, au bureau, 15, quai Malaquais, et pour la France et l'étranger, chez les libraires souscripteurs dont les noms suivent :

		Ex.			Ex.
Angers.	Barassé.	25	Lisbonne,	Silva Junior.	25
Barcelone,	Verdaguer.	25	Madrid,	Duran.	100
Beauvais,	Praquin.	25	—	Bailly-Baillière.	25
Bordeaux,	Feret fils.	25	Mans (Le),	Loger, Boulay et Cie.	25
Bruxelles,	Lebègue et Cie.	100	Metz,	Warion.	25
—	Rosez.	25	Milan,	Dumolard.	25
—	Decq.	100	Moscou,	Gautier.	25
Charleville,	Letellier.	25	Mulhouse,	E. Perrin.	25
Chartres,	Pétrot-Garnier.	25	Nantes,	Mme Veloppé.	25
Châteaudun,	Pouillier-Vaudecraine.	25	Nîmes,	Giraud.	25
Gand,	Hoste.	25	Odessa,	Camoin frères.	25
—	Lebrun-Devigne.	25	Rotterdam,	Kramers.	25
—	Snoek, Ducaju et Cie.	25	Saint-Malo,	Coni.	25
Gênes,	Beuf.	25	Saint-Pétersbourg,	J. Issakoff.	200
Genève,	Desrogis.	25	Strasbourg,	Salomon.	25
Guebwiller,	Jung (J.-B.).	25	Toulon,	Rumébe.	25
Laon,	Longuet-Robert.	25	Troyes,	Dufey-Robert.	25
Liége,	Decq.	100	Turin,	Bocca.	25
—	Sazonoff.	100	Valenciennes,	Giard.	25
Lille,	Beghin.	25			

Avis. — Tous les ouvrages précédés d'un astérisque sont publiés ou acquis en nombre par la *Librairie scientifique, industrielle et agricole* de Eugène Lacroix, libraire de la Société des Ingénieurs civils, etc., etc.

Toutes les personnes qui désirent se défaire de certains ouvrages rares ou d'un prix élevé, ou qui veulent acquérir ce genre d'ouvrages, peuvent nous le faire savoir : nous publierons la notice des demandes et des offres dans ce bulletin.

Tous les libraires de la province et de l'étranger sont engagés à souscrire à cette Bibliographie, qui leur sera livrée au prix de revient. En la distribuant gratuitement parmi leur clientèle, ils feront connaître utilement, pour eux d'abord, et aussi pour les amateurs, les principaux ouvrages publiés en France et à l'étranger.

Les tirages au minimum de cent sont imprimés au nom du libraire-souscripteur.

E. L.

Corbeil. — Typ. et stér. de Crété

JANVIER A AVRIL 1868

A

825.* Adhémar (comte d'.) **Sombrero,** avec le plan de l'île et son phosphate de chaux. — Fragment d'un voyage aux Antilles.

Annales du Génie civil, livraison de février. 4 fr.

826.* **Annales du Génie civil,** et recueil de mémoires sur les ponts et chaussées, les routes et chemins de fer, les constructions et la navigation maritime et fluviale, l'architecture, les mines, la métallurgie, la chimie, la physique, les arts mécaniques, l'économie industrielle, **le génie rural ; Annales et revue descriptive de l'industrie française et étrangère ;** publiées par une réunion d'ingénieurs, d'architectes, de professeurs et d'anciens élèves de l'École centrale et des Écoles d'arts et métiers, avec le concours d'ingénieurs et de savants étrangers. Eug. Lacroix, membre de la Société industrielle de Mulhouse, de l'Institut royal des ingénieurs hollandais et de la Société des ingénieurs de Hongrie, directeur de la publication. Paris, imp. Bourdier.
7e année de la publication.

SOMMAIRE DES LIVRAISONS DU 1er TRIMESTRE 1868

Étude sur le frein à coins articulés (système Stilmant), avec figures dans le texte, par M. S. Stutz, ingénieur (Pl. I).

Note sur une nouvelle machine d'extraction pour les mines (proposée par M. Demanet), avec figures dans le texte, par M. Émile Soulié (Pl. II).

Frein dynamométrique de Balk, traduit par M. Grandvoinnet (Pl. III).

Barrage de l'Habra, province d'Oran (Algérie), avec figure dans le texte, par M. Octave Marchal (Pl. IV et V).

Ponts. — Nouveau type de pont en arcs, par M. V. Contamin (Pl. VI).

Sombrero et son phosphate de chaux, avec le plan de l'île. — Fragment d'un voyage aux Antilles, par M. le comte d'Adhémar.

Des régulateurs des volants à contre-poids, des plateaux manivelles et du volant comme moyen de franchir les rampes de chemin de fer, avec figures dans texte.

Quercitron. Teinture et impression des tissus, par M. Dr Kaeppelin, chimiste.

Projet d'un diastimètre électrique pour les batteries de côte (Pl. IX, fig. 1 à 6), par M. Kromhout, capitaine du génie (Pays-Bas).

Locomotives de montagne pour fortes rampes et courbes à petit rayon (Pl. X, XI et XII), par M. Octave Marchal.

Observations sur les machines à vapeur récemment introduites dans la marine impériale (Pl. IX), par M. le vice-amiral H. Labrousse.

Société des ingénieurs civils de France : Renouvellement du bureau. — Note de M. H. Mathieu sur la fabrication du fer fondu par le procédé Martin. — Méthode de MM. de Courval et comte Des Cars, pour la conduite et l'elagage des arbres forestiers. — Installation du nouveau président. Discours de M. Flachat. Discours de M. Love. — Communication de M. Nordling sur les viaducs à piles métalliques du reseau central de la Compagnie du chemin de fer d'Orléans. — Générateurs inexplosibles de M. Belleville.

Société des ingénieurs de Londres : Discours du nouveau président M. Baldwin Latham. — Association des ingénieurs sortis de l'école de Liége. — Ingénieurs de Hongrie. — Société industrielle de Mulhouse. Travaux de l'année 1867.

Travaux du génie civil dans les Indes Néerlandaises, par M. Eug. Lacroix

Renseignements sur les écoles professionnelles en France : Ecoles de Maistrance, par M. A. Ortolan.

Travaux exécutés à l'étranger : Machine soufflante de Cockerill (Pl. VIII). — Planimètre de Wetli et Stark, avec fig. — Poulie et treuil différentiel (Pl. VIII). — Moulin à faire les roues d'engrenages (Pl. VIII). Outils et porte-outils (Pl. III). — Sur un empoisonnement causé par l'emploi de vieilles traverses de chemin de fer pour chauffer un four de boulanger. — Fabrique d'huile de paraffine de Young, à Bathgate.

Concours pour un projet d'habitation civile ; — pour le plan d'une cité ouvrière ; — pour la construction d'un hospice à Bilbao (Pl. VII).

Dictionnaire technologique des termes scientifiques et d'atelier : Machines à vapeur, etc. — *Français-Anglais*.

Revue des inventions nouvelles, par M. Henri Dufrené.

Variétés : Les vers à soie du Japon acclimatés en Irlande. — Voies de communication à Londres. — L'eau potable. — Le budget des travaux publics de la ville de Londres. — Les locomotives de l'Angleterre. — La peste des eaux. — Une cheminée gigantesque. — Endiguement de la Tamise. — Le sucre consommé dans les brasseries anglaises. — Le pont Napier dans les Indes. — Chemin de fer à rail unique. — Les puits instantanés (Pl. VII). — Le tunnel de Chicago.

— Récompense à l'inventeur de la moissonneuse. — Les lignes télégraphiques électriques. — Chemins de fer. — Extraction de l'indigo des vieux chiffons. — Un nouveau tunnel sous la Tamise. — Effets du drainage sur la température du sol. — Canots de sauvetage. — Résidus de pétrole transformés en gaz d'éclairage.

Bibliographie. — Correspondance. — Jurisprudence industrielle. Prix courant.

Les **Annales du Génie civil** paraissent mensuellement depuis le 1er janvier 1862 par brochures de 5 feuilles grand in-8, avec figures intercalées dans le texte, et 4 planches grand in-4, de manière à former chaque année un volume d'environ 1,000 pages et un atlas de 50 planches.

PRIX DE L'ABONNEMENT ANNUEL :

Pour toute la France (*franco*).	20 fr.
Pour l'Étranger.	25 fr.
Pour les pays d'outre-mer.	
Prix des numéros séparés (*franco*).	4 fr.
Pour l'Étranger.	4 fr. 50

Les numéros des années écoulées ne se vendent pas séparément.

Prix de chaque année écoulée prise séparément.

Franco pour toute la France.	25 fr.
Pour l'Étranger.	30 fr.

827. Annuaire officiel des **Chemins de fer**, contenant un résumé analytique de tous les documents historiques, statistiques, etc., par C. d'Agar de Bus, et un recueil spécial de législation et de jurisprudence, par Auguste Pinel, avocat. 18e année. In-18 jésus, xi-872 p. Paris, imp. Chaix et Cie.

828. AUBRY. — **Chemin de fer économique**, par l'application des courbes de petits rayons. Principe général du système et disposition particulière du matériel mobile pour chemins de fer départementaux, vicinaux et d'intérêt local. In-4, 8 p. et 3 pl. Paris, imp. Goupy.

B

829.* BASSET (N.), chimiste. — Traité pratique de la **Culture et de l'alcoolisation** de la betterave. 3e *édition*, revue, corrigée et considérablement augmentée, accompagnée de nombreuses figures dans le texte. In-18 jésus, 288 p. Paris, imp. Hennuyer et fils. 3 fr.

Bibliothèque des professions industrielles et agricoles, série G, no 1.

Le simple énoncé du fait que ce traité est arrivé en peu de temps à sa troisième édition démontre son utilité.

Le public a reconnu que c'était un guide sûr et donnant d'excellents conseils pratiques. Ce livre contient d'ailleurs un grand nombre de renseignements indispensables pour l'exercice de l'industrie du sucre.

830.* BODY (Michel). — **Les chemins de fer** dans leurs applications militaires ; principes, règles et dispositions à suivre dans l'établissement et l'emploi des chemins de fer en vue d'assurer tout le concours dont ils sont susceptibles dans les opérations de la guerre. 1 vol. in-8, 308 p. et 5 pl. Liége (1867), imp. Carmanne. 15 fr.

Cet ouvrage, dédié à l'empereur Alexandre II, n'a été tiré qu'à 125 exemplaires, numérotés et parafés, et sera par conséquent avant peu une rareté bibliographique. Nous ne devons pas le regretter au point de vue philosophique et humanitaire, si ce tirage restreint peut être considéré dans la pensée de l'auteur comme un indice de paix — la paix laissant aux chemins de fer leur mission naturelle, celle de favoriser les relations et de contribuer ainsi au développement du commerce et de l'industrie, au lieu de faciliter l'œuvre de destruction dont toute guerre est inévitablement l'occasion. Cependant, en étudiant plus attentivement le livre de M. Body, on comprend que les chemins de fer sont aussi essentiellement des moyens de defense, et que dans leur établissement il importe de tenir compte, plus peut-être qu'on ne l'a fait jusqu'ici, de leur utilité stratégique. *Les chemins de fer dans leurs applications militaires* sont donc une œuvre que devront consciencieusement consulter, non-seulement les officiers d'état-major, mais aussi ceux du corps du génie, et surtout les ingénieurs appelés à étudier le tracé des grandes lignes de communication et des lignes secondaires. Des chapitres spéciaux sont d'ailleurs consacrés à l'établissement même de la voie, et renferment des considérations et des renseignements qu'il importe à tout constructeur de voies ferrées de connaître ou d'étudier.

831. BOITARD. — Manuel du **Naturaliste préparateur.** Nouvelle édition, in-18, 472 p. et pl. Bar-sur-Seine, imp. Saillard. 3 fr. 50

832.* **Bulletin de la Société industrielle de Mulhouse**, 12 livraisons mensuelles. M. Dolfus, president. Mulhouse, imp. Bader.

Prix de l'abonnement :

Paris.	15 fr.
Province.	18 fr.
Étranger.	22 fr.

1er TRIMESTRE 1868. — SOMMAIRE :

Rapport annuel, par M. Zuber : Renseignements statistiques sur les appareils à vapeur fonctionnant dans le Haut-Rhin.

Récompenses accordées à de vieux ouvriers. — Notes statistiques sur l'industrie textile des départements du Haut-Rhin et des Vosges, par M. Le Bleu. — Rapport présenté par M. Jules Siegfried à l'occasion d'une communication de M. Jean Dolfus sur un coton d'Algérie. — Mémoire sur la régénération du soufre des marcs de soude, par M. A. Scheurer-Kestner. — Rapport de M. G. Schœffer sur la question de priorité pour l'application directe des couleurs garance. — De l'action de l'eau de mer sur certains métaux et alliages, par MM. Crace-Calvert et Richard Johnson ; traduit de l'anglais par M. H. Penot. — Note traitant de l'action du plomb sur les eaux potables, par M. E. Kuhlmann. — Note sur quelques vices de tissage, par M. Henri Haeffel y fils. — Rapport sur le *Sericographis Mohitli*, par M. Yvan Stembach. — Communication de M. F. Engel fils sur diverses machines à égrener, etc., etc.

C

833. Castagnier. — Tarif d'après le système métrique pour la **Réduction des bois** équarris et ronds en stères et ses parties. 3e *édition*. In-12, 228 p. Avignon, imp. Aubanel.

834.* **Catéchisme des chauffeurs et des machinistes**, traitant du chauffage des chaudières à vapeur, des appareils de sûreté, du montage et de la conduite des machines, à l'usage des ouvriers mécaniciens, orné de 19 gravures intercalées dans le texte, publié par l'Association des ingénieurs sortis de l'École de Liége. In-8, 110 p. Paris, imp. Rouge frères. 3 fr. 50

Ce livre était devenu une nécessité : les nombreux accidents causés par l'emploi de la vapeur sont presque toujours dus à une négligence coupable ou à l'ignorance des mécaniciens.

Le *Catéchisme* a pour but de donner aux chauffeurs et aux mécaniciens des notions exactes qui leur permettent de conduire leurs machines avec sécurité.

Voici les trois grandes divisions du Catéchisme : 1o de la combustion et de la conduite du feu ; 2o des règles à suivre dans le chauffage des chaudières, au point de vue de la sécurité ; 3o conduite des machines à vapeur. Un appendice renferme quelques particularités sur les machines d'extraction et les machines d'épuisement.

835. Chateau. — Manuel de la fabrication et de l'emploi des **Couleurs d'aniline**. 2 vol. in-18, XXIV-1051 p. Bar-sur-Seine, imp. Saillard. 7 fr.

836. Chevillard. — Leçons nouvelles de **Perspective**. Avec atlas de 32 pl. in-4. In-8, XVI-228 p. Paris, imp. Gauthier-Villars. 12 fr.

837.* Contamin (V.). — Nouveau type de **Pont en arcs**, avec 1 planche.

Annales du Génie civil, livraison de février. 4 fr.

838.* Crisenoy (J. de), ancien officier de marine. — Exposition de 1867. Marine (classe 66). Le **Sauvetage des naufragés**. In-8, 42 p. et 6 planches. Paris, imp. Bourdier, Capiomont et Cie. 8 fr.

7e et 8e fascicules des Etudes sur l'Exposition de 1867, publiées par Eugène Lacroix.

D

839. **Description des machines et procédés** pour lesquels des brevets d'invention ont été pris sous le régime de la loi du 5 juillet 1844, publiée par les ordres de M. le ministre des travaux publics. T. LX, in-4, à 2 col., 450 p. et 44 pl. Paris, imp. Impér.

840.* Dufour, député du commerce français à Constantinople. — **Sériciculture simplifiée**. Gr. in-8, 94 p. Lyon, imp. Vingtrinier.

841.* Dufrené (H.), ingénieur civil. — **Revue des inventions nouvelles**. Emploi de l'oxyde de chrome pour l'acier. — Moyen de remplacer le charbon animal. — Épuration du gaz d'éclairage. — Préparation économique de l'oxygène. — Fabrication de l'eau de Seltz sans acide. — Utilisation des débris de cuirs gras. — Nouveau procédé de fabrication de phosphore. — Perfectionnement dans le travail du verre. — Nouvelle pile à papier. — Défécation au sulfate de magnésie. — Nouveau système de bassin de raboub.

Annales du Génie civil, février 1868. 4 fr.

842. Dumont, ingénieur en chef des ponts et chaussées. — Les **Chemins de fer** en Orient. Avec une carte. In-8, 47 p. Paris, imp Thunot et Cie.

E

843. Ernouf. — **L'art des jardins**. 2 vol. in-18, 480 p. Sceaux, imp. Dépée. 5 fr.

844.* **Études sur l'Exposition** de 1867. Annales et archives de l'industrie au XIXe siècle, ou **Nouvelle technologie des arts et métiers, de l'agriculture**, etc. Description générale, encyclopédique, méthodique et raisonnée de l'état actuel des arts, des sciences, de l'industrie et de l'agriculture chez toutes les nations ; recueil de travaux historiques, techniques, théoriques et pratiques, par MM. les rédacteurs des *Annales du Génie civil*, avec la collaboration de savants, d'ingénieurs et de professeurs français et étrangers. M. Eugène Lacroix, membre de la Société industrielle de Mulhouse et de l'Institut royal des ingénieurs hollandais, directeur de la publication. (Publication complémentaire des *Annales du Génie civil*.)

Voici la table des matières qui ont paru dans les 4 volumes aujourd'hui terminés.

Introduction, par M. Eugène Lacroix.
I. Les Beaux-Arts et l'Industrie, par E. Daguzan.
II. Impression et teinture des tissus, par M. Kaeppelin.
III. Machines à vapeur, par MM. Ortolan et Gaudry.
IV. Horlogerie, par M. Berlioz.
V. Génie rural, par M. Grandvoinnet.
VI. Tissage, par M. Parant.
VII. Les Cartes et les globes, par M. Pierragi.
VIII. Goudrons et leurs dérivés, par M. Knab.
IX. Constructions civiles, par M. Puteaux.
X. Le Mobilier, par M. L. Chateau.
XI. Papiers peints, par M. Kaeppelin.
XII. La Sucrerie, par M. Basset.
XIII. Bijouterie, joaillerie, par M. Schwaeblé.
XIV. Animaux domestiques, par M. Eug. Gayot.
XV. Tulles et dentelles, par M. Thomas.
XVI. Exploitation des mines, par MM. Soulié et Lacour.
XVII. Bois et forêts, par M. Armand Robinson.
XVIII. Habitations ouvrières, par M. le comte Foucher de Careil.
XIX. Instruments de musique, par M. Boudoin.
XX. Essai et analyse des sucres, par M. Monier.
XXI. Appareils météorologiques enregistreurs, par M. Pourian.
XXII. La Télégraphie, par M. le comte du Moncel.
XXIII. Les Métaux bruts (l'acier), par M. Dufrené.
XXIV. Sellerie, par M. de Forget.

XXV. Les Corps gras alimentaires, par M. Armand Robinson.
XXVI. Appareils servant à élever l'eau, par MM. Chauveau des Roches et Belin.
XXVII. Instruments et machines à calculer, par M. Michel Rous, capitaine d'artillerie.
XXVIII. Production industrielle du froid, par M. Dufrené.
XXIX. Appareils des chantiers de construction, par M. Palaa.
XXX. Marine : le sauvetage des naufragés, par M. Jules de Crisenoy.
XXXI. Bronzes et fontes d'art, ouvrages d'art et métaux, par M. Guettier.
XXXII. Art militaire : Armes portatives, par M. Michel Rous; Armes à feu, par M. Schwaeblé.
XXXIII. L'imprimerie et les livres, par M. Aug. Jeunesse.
XXXIV. Appareils et produits agricoles pour l'alimentation et les arts industriels, par M. Rouget de Lisle.
XXXV. Appareils plongeurs, cloches, scaphandres, nautilus, par M. E. Eveillard.
XXXVI. Boulangerie et pâtisserie, par M. Henri Villain.
XXXVII. Constructions maritimes, par M. G. de Berthieu.
XXXVIII. Hydroplastie (Électro-chimie. — Galvanoplastie), par M. A. de Plazanet.
XXXIX. Sylviculture. — Systèmes d'aménagement et d'exploitation. — Reboisements, par M. A. Frochot.
XL. Conserves alimentaires, par M. Maurice Boucherie.
XLI. Moteurs hydrauliques, par MM. L. Vigreux et A. Raux.
XLII. L'Orient, par M. B.-J. Dufour.
XLIII. La Construction du Champ-de-Mars, par M. E. Lacroix.
XLIV. Revue des produits céramiques, par MM. A. et L. Jaunez.
XLV. Le Locomoteur funiculaire (système Agudio), par M. Émile Soulié.
XLVI. Industries des vêtements, par M. Rouget de Lisle.
XLVII. La Minéralogie et la Géologie, par M. A.-F. Noguès.
XLVIII. Les Insectes utiles, par M. A. Gobin.
XLIX. Industrie du gaz, par M. d'Hurcourt.
L. Machines-outils à travailler le bois, par MM. Raux et Vigreux.

Les 4 volumes des *Études sur l'Exposition* renferment environ 2,000 pages de texte, dans lesquelles sont intercalées 1,500 grav., ils sont accompagnés d'un atlas de 160 pl.

Prix des 4 volumes et de l'atlas. 80 fr.

L'ouvrage se subdivise en 20 fascicules ou livraisons du prix de 5 fr.)

F

845.* FOUCHER DE CAREIL (le comte A). — **Les Habitations ouvrières.** In-8, 34 p. et 7 pl. Paris, imp. Bourdier et Cie.

Extrait des Etudes sur l'Exposition de 1867. 5 fr.

G

846. GASPARIN (de). — **Métayage**, guide des propriétaires de biens soumis au métayage. *Nouvelle édition.* In-18 jésus, 166 p. Orléans, imp. Jacob. 1 fr. 50

847. GAUTIER. — Traité de la **Taille** des grands arbres d'agrément, suivi de celle de l'amandier, du noyer et du châtaignier. In-8, 111 p. et 6 pl. Paris, imp. Alcan-Lévy.

848.* GRANDVOINNET. — Le **Frein dynamométrique** de Balk.

Annales du Génie civil, janvier 1848. 4 fr.

H

849. HEUZÉ. — Les formules des **Fumures** et des étendues en fourrages. 2e *édition*, revue et augmentée. In-18 jésus, 71 p. Paris, imp. Raçon et Cie. 1 fr. 25

J

850. JAMET. — **Des fraises** et de leur culture. In-18, 71 p. Rennes, imp. Oberthur et fils. 1 fr.

K

851.* KAEPPELIN (Dr), chimiste. — **Quercitron.** Teinture et impression des tissus.

Annales du Génie civil, livraison de mars. 4 fr.

852.* KOPP (E. de Saverne). — Perfectionnements apportés au traitement de la **garance** et à la fabrication des extraits de garance pour l'impression. In-8, 44 p. Mulhouse, imp. Bader; Paris. (année 1867 du *Bulletin de la Société industrielle de Mulhouse*). 15 fr.

* — Sur les applications et la préparation simplifiée de la **nitro-glycérine** dans les carrières. In-8, 14 p. Paris, imp. Bourdier et Cie.

(Annales du Génie civil, décembre 1867.) 4 fr.

853.* KROMHOUT, capitaine du génie au service du royaume des Pays-Bas. — Projet d'un **Diastimètre électrique**, pour les batteries de côte, avec 1 pl.

Annales du Génie civil, livraison de mars. 4 fr.

854.* LABROUSSE (H.), vice-amiral. — Observations sur les machines à vapeur récemment introduites dans la marine impériale, avec 1 pl.

Annales du Génie civil, livraison de mars. 4 fr.

L

855. LACOMBE. — Manuel de **sculpture sur bois.** In-18, 144 p. avec fig. Bar-sur-Seine, imp. Saillard. 1 fr. 50

856.* LACROIX (Eug.). — Les travaux du **Génie civil dans les Indes Néerlandaises.**

Annales du Génie civil, livraison de mars. 4 fr.

857. LE TOUZÉ. — **Traité théorique et pratique du change**, des arbitrages et des matières d'or et d'argent, contenant les changes, monnaies et usages commerciaux de toutes les places de commerce du monde, etc. 2e *édition*, considérablement augmentée. In-8, VIII-416 p. Paris, imp. Hennuyer et fils. 7 fr. 50

858.* Loisel (F.). — Annuaire spécial des **chemins de fer belges** (période de 1835 à 1865 inclus), publié sous la direction de la conférence des chemins de fer belges, par son secrétaire F. Loisel. Gr. in-8 de 626 p. Bruxelles, V. Devaux et Cie.

Le volumineux ouvrage qui vient de paraître sous le modeste titre d'*Annuaire spécial des chemins de fer belges*, renferme l'histoire complète des chemins de fer de l'État et des quarante-sept sociétés concessionnaires, au point de vue législatif et financier et au point de vue de l'exploitation et de ses résultats, pendant une période de trente ans, de 1835 à 1865 inclus.

Cet Annuaire contient les lois, arrêtés et règlements concernant : les demandes en concession de péages, les expropriations et la police des chemins de fer; les instructions se rapportant aux demandes de formation des sociétés anonymes, le dernier type de cahier des charges et conditions générales pour la construction et l'exploitation des chemins de fer concédés, etc., etc.

Le chapitre consacré aux chemins de fer de l'État fait connaître l'organisation de l'administration centrale du ministère des travaux publics et le sommaire des lois et arrêtés royaux se rapportant aux Chemins de fer, aux Postes et aux Télégraphes, depuis leur établissement jusqu'au 1er janvier 1866.

La question des tarifs étant une des plus importantes dont les administrations aient à chercher la solution, l'Annuaire donne des détails précis sur la tarification des transports et sur les différentes bases de tarifs mis en vigueur depuis l'année 1835 jusqu'en 1866.

Des notices spéciales ont été établies sur les services des voyageurs, des bagages et des marchandises et sur les services mixtes et internationaux.

Les renseignements concernant la voie, la traction et le matériel ont également fait l'objet de notices techniques spéciales.

L'ouvrage est aussi complet que possible, et les nombreux documents qu'il renferme sont utiles à consulter non-seulement pour les administrations de chemins de fer, mais encore pour tous ceux qui ont quelque intérêt dans ces sortes d'entreprises.

M

859. Male (G.). Traité pratique et complet de la levée des **Plans de mines**. 1 vol. in-8, 96 p. et 4 pl. Saint-Étienne, imp. Ve Théolier et Cie. 5 fr.

860. Manteuffel (de). — L'art de **planter**. Traduit sur la troisième édition allemande, par S. P. Stumper. Orné de 16 vignettes sur bois. In-18, 216 p. Sceaux, imp. Dépée. 2 fr.

861* Marchal (Oct.). — Le barrage de l'Habra, province d'Oran (Algérie), avec 2 pl. et fig. dans le texte.

Annales du Génie civil, livraison de mars. 4 fr.

— * **Locomotives de montagnes** pour fortes rampes et courbes à petit rayon, avec 3 pl.

Annales du Génie civil, livraison de mars. 4 fr.

862. Michaux (Mme). — La **Cuisine** de la ferme. In-18, 176 p. Paris, imp. Raçon et Cie. 1 fr. 25

N

683. **Nouveau** (le) **procédé d'éclairage au gaz**. In-8, 8 p. Paris, imp. Kugelmann. 50 c.

P

864. Pasteur. — Études sur le **Vinaigre**, sa fabrication, ses maladies. In-8, VIII-119 p. Paris, imp. Gauthier-Villars. 4 fr.

865. Peillard. — **De Fer élastique**. Ferrure physiologique; 2e *édition*. In-8, 136 p. et 2 pl. Tarbes, imp. Telmon. 3 fr.

866.* Peligot (Henri). — Notes sur l'industrie des **Allumettes chimiques**. In-8, 23 p. Paris, imp. Bourdier et Cie. 7 fr.

4e Trimestre. — Mémoires de la Société des ingénieurs civils.

867. Personnat. — **Le Ver à soie du chêne** (Bombyx-Yama-Maï). 4e *édition*. In-8, VIII-136 p. et 3 pl. Paris, imp. Raçon et Cie. 3 fr.

868. Petit-Lafitte. — **La Vigne** dans le Bordelais; histoire, commerce, culture. In-8, 696 p. et grav. Sceaux, imp. Dépée. 12 fr.

869. Picherie-Dunan. — Le livre des **Engrais, fumiers**. 4e *édition*, très-augmentée. In-18, 144 p. Nantes, imp. Bourgeois.

870.* Pouriau, sous-directeur et professeur à Grignon. — Les **Appareils météorologiques enregistreurs**. 1 vol. gr. in-8, 56 p., avec fig. dans le texte et 7 pl.

Extrait des Études sur l'Exposition. 5 fr.

R

871. Rambourg. — Traité de la **Comptabilité** municipale en matière d'**Octroi**; suivi du Guide de la vérification, contenant des notions élémentaires sur le cubage et le mesurage, la jauge, etc., à l'usage des employés de l'octroi. In-12, 92 p. Mézières, imp. Lelaurin. 1 fr. 50

872. Ramée. — L'**Architecture** et la construction pratiques, mises à la portée des gens du monde, des élèves et de tous ceux qui veulent faire bâtir. In-18 jésus, XI-664 p. Mesnil, imp. Firmin Didot.

— Dictionnaire général des **Termes d'architecture** en français, allemand et italien. 1 vol. in-8, 496 p.

873. Rendu et Sirey. — Code Perrin, ou Dictionnaire des **Constructions** et de la contiguïté. Législation complète des bâtiments, des constructions, des propriétés non bâties, des servitudes, etc., mise en rapport avec la doctrine et la jurisprudence administrative et judiciaire. 2e *édition*, in-8, VIII-821 p. Paris, imp. Cosse et Dumaine. 9 fr.

874. **Répertoire méthodique de la législation des chemins de fer**. In-4, 261 p. Paris, Imp. Impér.

875.* Rohault de Fleury (G.). — La **Toscane au moyen âge**, architecture civile et militaire. 2e livraison. Palais du Podestat à Florence. 6 pl. in-fo, avec teinte. Paris, imp. Claye. 9 fr.

— 3e livraison. Le palais du podestat (suite). avec 5 pl. 9 fr.

Publication trimestrielle; un an. 30 fr.

(Voir page 129 de la Bibliographie.)

876.* Rous (Michel), capitaine d'artillerie, ancien élève de l'École polytechnique. — **Abaque Népérien** pour faciliter l'enseignement de l'arithmétique et la pratique des calculs. 1 broch. in-8, de 52 p. 3 fr. Prix de l'Abaque portatif. 6 fr.

Voir le compte rendu de cet ouvrage au nº 7 de notre Bibliographie.

S

877.* Sanguineti. — La **Décoration** en treillage, rosaces, verendhas, ponts, marquises, bancs, plafonds, balcons, corbeilles, jardinières, portiques, serres, kiosques, treillage artistique, d'après les dessins de MM. Waaser et Madin, constructeurs. 1 album oblong de 44 pl., relié. 25 fr.

878. Sénéclauze. — Les **Conifères.** Monographie descriptive et raisonnée, classée par ordre alphabétique, de la collection complète des conifères, tant indigènes qu'exotiques. In-8, 208 p. Paris, imp. Lahure.

879.* Soulié (E.), ingénieur civil. — Le **Locomoteur funiculaire**, système Agudio, pour la traction sur les chemins de fer à fortes rampes. In-8, 14 p. et 3 pl. Paris, imp. Bourdier et Cie. 5 fr.

Extrait des Etudes sur l'Exposition de 1867.

—* Note sur une nouvelle **Machine d'extraction** pour les mines (proposée par M. Demanet), avec fig. dans le texte.

Annales du Génie civil, livraison de janvier 1868. 4 fr.

880.* Stutz (S.), ingénieur. — Étude sur le **Frein à coins articulés** (système Stilmant), avec fig. dans le texte, 1 pl.

Annales du Génie civil, livraison de janvier 1868. 4 fr.

T

881. Taillard (Ern.). — **Chemins de fer.** Les locomotives et le matériel de transport, examen des divers systèmes appliqués en Europe et en Amérique. 1 vol. gr. in-8, 238 p. et atlas de 49 pl. Bruxelles, imp. veuve Parent et fils.

882.* Thorain, ingénieur civil. — Aide-mémoire du **Chauffeur-mécanicien.** In-32, 146 p. Lille, imp. Bayart. 3 fr.

883. Tournier. — Nouveau manuel de **Chimie simplifiée**, avec fig. dans le texte. In-18, 232 p. Saint-Nicolas, imp. Trenel. 2 fr. 50

884. Troubat. — Nouveau traité sur les **Vaches laitières** et les taureaux reproducteurs. In-8, 32 p. Bordeaux, imp. Lavertujon. 1 fr. 50

V

885. Velter, répétiteur de chimie à Grignon. — Sur l'utilité du **Sel marin** en agriculture, fondée sur sa transformation en carbonate de soude. In-8, 5 p. Paris, imp. Ve Bouchard-Huzard.

886. Viennot. — Nouveau **Compte-fait** à l'usage des vignerons, courtiers, négociants, tonneliers et foudriers, etc. In-32, 32 p. Dijon, imp. Jobard. 80 c.

887. Ville. — Recherches expérimentales sur la **Végétation**, mémoires et mélanges. T. I, in-8, LV-404 p. et 3 pl. Paris, imp. Raçon et Cie.

— Les **Engrais chimiques.** Gravures et pl. In-18 jésus, XVII-278 p. Paris, imp. Raçon et Cie. 3 fr. 50

BIBLIOGRAPHIE ÉTRANGÈRE

LIVRES ANGLAIS

* **A Treatise on the Petroleum zones of Italy** (**Traité sur les zones à pétrole de l'Italie**), par M. St-John Fairman, membre de plusieurs Sociétés savantes. Broch. in-8, de 75 p., avec une carte géographique. 5 fr.

* **An elementary Treatise on electrical measurement**, for the use of telegraph inspectors and operators (**Traité élémentaire de la mesure des forces et des résistances électriques**, à l'usage des inspecteurs et des opérateurs des lignes télégraphiques), par M. Latimer Clarck. Vol. in-12, de 175 p. relié. 10 fr.

* **A Treatise on Coast defense**, etc., par M. Von Schelika, lieutenant-colonel et ingénieur en chef du département du Golfe du Mexique, de l'armée des anciens États confédérés d'Amérique. — **Traité de la défense des côtes**, basé sur l'expérience acquise par des officiers ayant appartenu au corps des ingénieurs de l'armée des États confédérés et sur les rapports officiels d'officiers de la marine des États-Unis ; travaux recueillis pendant la dernière guerre de l'Amérique du Nord, de 1861 à 1865). 1 vol. relié, grand in-8, avec 12 grandes cartes et pl. 40 fr.

Chemistry theoretical, practical and analytical as applied and relating to the arts and manufactures, by Dr Sheridan Musprath. — **La Chimie** théorique, pratique et analytique dans ses applications et ses rapports avec les arts et l'industrie, par M. le Dr Sheridan Musprath. In-8, avec plus de 1,000 fig. dans le texte et une série de portraits de chimistes célèbres. 2 vol. grand in-8. 85 fr.

Shipbuilding theoretical and practical, by Isaac Watts, W.-M. Rankine, Fr. Barnes, James Napier, etc. — **La construction navale** au point de vue théorique et pratique, publiée par MM. Walts, Rankine, Barnes et Napier. Un très-grand vol. illustré de fig. et d'une série de grandes pl. gravées d'après des dessins exécutés pour cet ouvrage par les principaux ingénieurs des constructions navales. 105 fr.

chaque mois par M. A. Félix Gouillou, chimiste industriel.

Prix de l'abonnement :

Paris et départements, un an,	15 fr.
Six mois,	8 fr.
Étranger, un an,	20 fr.
Le numéro,	75 c.

On s'abonne à la librairie des Ingénieurs civils, à Paris, 15, quai Malaquais.

Sommaire du n° du 20 avril (n°s 7 et 8).

Rapport du jury international de l'Exposition de 1867 : Teinture et impression (suite), par M. Persoz fils. — Matières colorantes dérivées de la houille, par MM. Hoffmann, de Haire et Girard. — *Du Tartre ;* ses propriétés, son action en teinture, impuretés et falsifications. — Essai industriel de ce produit, par M. S. Hubert. — *Procédés pratiques :* Noir d'aniline, 1° sur coton, 2° sur soie, 3° sur laine, 4° sur laine et coton. — Bleu au bois sur drap, teinture des mérinos (suite). Rouge rose violeté, cramoisi au bois, orangé. — *Chronique industrielle :* Traitement des eaux de savon dans les fabriques, par M. H. Wohl. Alliage pour rouleaux d'impression. Brevets d'invention concernant les industries tinctoriales et textiles.

Nouvelles : Lois sur les inventions brevetables figurant aux expositions. Les hannetons et la teinture. Chambre des tisseurs et passementiers. A propos des bleus sur laine. Prix courant des couleurs d'aniline. Annonces.

972. *Morandière (Jules). — Exploitation des **Chemins de fer.** Les signaux optiques et acoustiques à l'Exposition de 1867. — Modèles, plans et dessins de **Gares,** de stations, de remises et de dépendances de l'exploitation des chemins de fer. *Annales du Génie civil,* livraison de juin. 4 fr.

973. Morin, général de division d'artillerie. — Salubrité des habitations. Manuel pratique du **chauffage et de la ventilation.** In-8, 152 p. et 2 pl. Paris, imp. Lahure. 5 fr.

N

974. *Nogués, professeur de sciences physiques et naturelles. — Guide pratique de **Minéralogie appliquée inorganique.** Histoire naturelle, ou Connaissance des combustibles minéraux, des pierres précieuses, des matériaux de construction, etc. ; 1re partie, avec 124 fig. dans le texte. In-12, xv-396 p. Saint-Nicolas, imp. Trenel. 6 fr., cartonné.

Bibliothèque des professions industrielles et agricoles, publiée par E. Lacroix.

Nous ne croyons pouvoir mieux faire apprécier l'utilité de ce livre, qu'en transcrivant les premières lignes de l'avertissement de l'auteur :

« Notre *Guide pratique de minéralogie appliquée* ne s'adresse pas aux savants, qui recherchent dans un livre des faits nouveaux, des hypothèses hardies ou des théories brillantes : il a été écrit principalement pour les personnes qui désirent acquérir des notions justes, pratiques et usuelles sur les minerais métallifères et les minerais employés dans les arts et l'industrie. Les étudiants qui suivent les cours des Facultés, les élèves des Écoles spéciales et industrielles, les ingénieurs, les élèves des Écoles des mines, les mineurs, les agriculteurs, les directeurs d'exploitations minières, les gardes-mines, les amateurs et les gens qui voudront acquérir des connaissances pratiques en minéralogie, le consulteront avec fruit. »

Ajoutons que si l'auteur a déclaré modestement que son guide ne s'adressait pas aux savants, ceux-ci en ont cependant apprécié le mérite, et qu'un brillant éloge a été fait de cet ouvrage devant l'Académie des sciences.

—.* Voir aussi n° 926, *Études sur l'Exposition.*

O

975. *Ortolan, mécanicien principal de la marine impériale. — **Essai des cuivres** à l'atelier, avec figures dans le texte.

Annales du Génie civil, livr. de mai. 4 fr.

—.* Voir aussi n. 827, *Études sur l'Exposition.*

975 *bis.* Notice sur le **Concretor** de Fryer, avec le rapport de la commission officielle de la Guadeloupe. Brochure in-12, 24 pages et 1 planche. Rouen, typ. Lecomte frères, décembre 1867.

P

976. Palaa. — Voir n° 927, *Études sur l'Exposition.*

977.* Parant (Eug.). — Voir n° 926, *Études sur l'Exposition.*

978. Passy (de), ingénieur des ponts et chaussées. — Étude sur le **Service hydraulique** et sur les mesures administratives concernant les cours d'eau non navigables ni flottables. In-8, 376 p. Paris, imp. Raçon et Cie.

979. *Pernot, architecte. — Guide pratique du constructeur, dictionnaire des mots techniques employés dans la construction, à l'usage des architectes, propriétaires, entrepreneurs de maçonnerie, charpente, etc., renfermant les termes d'architecture civile, l'analyse des lois de voirie, des bâtiments et de dessèchement ; par M. L. T. Pernot, architecte. *Nouvelle édition,* augmentée et entièrement refondue par M. Camille Tronquoy, ingénieur civil. In-18 jésus, 538 p. Paris, imp. Bourdier, Capiomont fils et Cie. 6 fr., cartonné.

Bibliothèque des professions industrielles et agricoles, publiée par E. Lacroix.

Ce Dictionnaire fait partie de la *Bibliothèque des professions industrielles et agricoles.* La première édition était complétement épuisée. L'éditeur, pour répondre aux nombreuses demandes qui lui parvenaient, ne s'est pas borné à faire réimprimer ce travail primitif ; il a voulu que le *Guide pratique du constructeur* n'omît aucun des progrès réalisés pendant les dernières années, et M. Camille Tronquoy, l'un de nos ingénieurs civils les plus distingués et en même temps l'un de nos technologistes les plus érudits, a bien voulu se charger du travail ingrat d'une revision complète de l'œuvre. Le Dictionnaire que nous annonçons est le résultat de ce travail consciencieux.

980. * PÉROCHE, inspecteur des contributions indirectes. — Manuel des **Distilleries**, ou Guide complet pour la surveillance de ces établissements, comprenant : 1° la fabrication ; 2° les renseignements divers s'y rattachant ; 3° la législation, la jurisprudence, etc. *Nouvelle édition*, revue, corrigée et augmentée. In-8, 344 p. Rouen, imp. Cagniard ; Paris. 6 fr.

981. PEZEYRE, rédacteur au *Moniteur vinicole*. — Le **Vinage** dans ses rapports avec l'agriculture et l'intérêt des classes laborieuses. In-8, 32 p. Lagny, imp. Varigault.

982. PINEL (A.), avocat au conseil d'État. — Jurisprudence des **Chemins de fer**. Recueil spécial des décisions des tribunaux judiciaires et administratifs, rendues pendant le cours des années 1866 et 1867. 5e année. In-18, 176 p. Paris, imp. Chaix et Cie.

983. * PLAZANET (de). — Voir n° 926, *Etudes sur l'Exposition*.

984. * **Portefeuille des conducteurs des ponts et chaussées et des gardes-mines**, publié par la Société des conducteurs. Mémoires, notes et documents pratiques relatifs aux constructions en général, accompagnés de nombreuses planches d'ensemble et de détail ; statistique, prix de revient, etc.

Il paraît par an une série formée de 10 numéros. Chaque numéro se compose de 4 pages de texte in-folio à 2 colonnes et de 4 pl. de même format.

Prix de l'abonnement annuel à cette publication : Paris, 15 fr. ; province, 18 fr. ; étranger, 22 fr.

SOMMAIRE DES NUMÉROS, 9e SÉRIE (ANNÉE 1868).

Nos 1 et 2.

Texte. Notes et documents ; Exposition universelle de 1867 ; Phare des Roches-Douvres ; Machine à casser les pierres, note par M. Faivre ; Bâtiment des machines de la distribution d'eaux de Valenciennes, note par M. Parsy.

Planches 1 et 2, phare des Roches-Douvres.
— 3, machine à casser les pierres.
— 4, bâtiment des machines de la distribution d'eaux de Valenciennes.

On s'abonne à la librairie des Conducteurs des ponts et chaussées, Eug. LACROIX, 15, quai Malaquais.

985. * POURIAU. — Voir n° 926, *Études sur l'Exposition*.

986. PRADELLE, agriculteur. — Étude sur les **Irrigations**. In-4, 64 p. Paris, imp. Schiller.

987. Prix de **Menuiserie** applicables aux travaux à façon exécutés pendant l'année 1868, établis et révisés annuellement par la Commission de la Société des ouvriers menuisiers à façon, avec la collaboration de metreurs spéciaux. 1re *édition*. In-4, 39 p. et 3 pl. Paris, imp. Gaittet. 5 fr.

988. Programme des conditions d'admission à **l'École des ponts et chaussées**. In-12, 8 p. Paris, imp. Jules Delalain et fils. 20 c.

989. Programme des conditions d'admission à l'École impériale centrale des **Arts et Manufactures**. Année 1868. In-12, 28 p. Paris, imp. Jules Delalain. 30 c.

990. PUGNET, propriétaire-cultivateur. — Les **Plantes utiles et nuisibles** en agriculture. In-8, 277 p. Mirecourt, imp. Humbert.

991. * PUTEAUX. — Voir n° 926, *Etudes sur l'Exposition*.

R

992. * RAUX et VIGREUX. Voir n° 926, *Études sur l'Exposition*.

993. ROUCHÉ, professeur au lycée Charlemagne, et DE COMBEROUSSE, professeur à l'École centrale. — Traité de **Géométrie élémentaire**, conforme aux programmes officiels, renfermant un très-grand nombre d'exercices et plusieurs appendices consacrés à l'exposition des principales méthodes de la géométrie moderne. 2e *édition*, revue et augmentée. 1re partie. Géométrie plane. In-8, XXIV-328 p. et fig. dans le texte. Paris, imp. Gauthier-Villars. 4 fr.

994. * ROUS (Capitaine). — Voir n. 927, *Études sur l'Exposition*.

995. ROUSSELON. — Le **Jardinier** pratique, ou Guide des amateurs dans la culture des plantes utiles et agréables, illustré de 200 grav. sur bois. In-18 jésus, 540 p. Saint-Denis, imp. Moulin.

S

996. SANSON (André), professeur de zootechnie. — Les **Moutons**, histoire naturelle et zootechnie. Ouvrage orné de 56 gravures. In-18 jésus, 167 p. Orléans, imp. Jacob. 1 fr. 25

997. * — Notions usuelles de médecine vétérinaire. In-18 jésus, 169 p. Orléans, imp. Jacob. 1 fr. 25

998. SARRAN (E.), garde-mines. — Manuel du **Géomètre souterrain**. In-8, XII-144 p. et atlas de 6 pl. Paris, imp. Thunot et Cie.

999. * SCHWAEBLÉ. — Voir n° 926, *Études sur l'Exposition*.

1000. Série de prix, avec sous-détails à l'appui, pour le règlement des travaux particuliers faits dans la ville de Paris et dans le département de la Seine, adoptée par la Chambre syndicale des entrepreneurs de **Maçonnerie** de la ville de Paris. Année 1868. In-4, 44 p. Paris, imp. Guérin, 13, rue de la Sainte-Chapelle. 2 fr.

Série des prix de règlement applicables aux travaux particuliers exécutés dans la ville de Paris, établie par la Chambre syndicale des entrepreneurs de **Menuiserie**. 3e *édi-*

tion. In-4, 44 p. Paris, imp. Guérin, 13, rue de la Sainte-Chapelle. 3 fr.

Série des prix de règlement établis par la Chambre syndicale des entrepreneurs et applicables aux travaux particuliers exécutés dans la ville de Paris. **Terrasse**, pavage, granit, égouts, asphalte et bitume. In-4, 16 p. Paris, imp. Guérin, 13, rue de la Sainte-Chapelle. 2 fr.

1001. Shimidzeu Kinzaimon. — Étude complète de l'éducation des **Vers à soie**. Traduit du japonais par le docteur P. Mourier. In-8, 31 p. Paris, imp. Martinet.

1002. Sichel (J.), docteur en médecine. — Guide de la chasse des **Hyménoptères**. Gr. in-18, 19 p. Le Mans, imp. Beauvais.

1003. * Soulié (E.). — Voir n° 926, *Études sur l'Exposition*.

1004. Souviron, professeur de technologie à l'Association polytechnique. — Dictionnaire des **Termes techniques** de la science, de l'industrie, des lettres et des arts. In-18 jésus, xii-585 p. Saint-Germain, imp. Toinon et Cie.

1005. Sturm (Cl.), membre de l'Institut. — Cours d'**Analyse** de l'École polytechnique. 3e *édition*, revue et augmentée par M. E. Prouhet, répétiteur d'analyse à l'École polytechnique. T. I. In-8, xxix-506 p. Paris, imp. Gauthier-Villars. Les 2 vol. 12 fr.

1006. * Stutz (S.), ingénieur civil. — Mécanique appliquée. Guide de **Mouvements rectilignes alternatifs**. — **Appareil de choc** à ressorts plats. — **Parachute** avec moteur à air comprimé, 1 planche.

Annales du Génie civil, livr. d'avril. 4 fr.

—. * **Grue à vapeur** mobile à mouvement de palan du nouveau quai de Hambourg, avec 1 planche.

Annales du Génie civil, livr. de mai. 4 fr.

1007. * **Sucrerie** (la) **indigène**. Revue mensuelle fondée sous le patronage du comité des fabricants de sucre des arrondissements de Valenciennes et d'Avesnes. Organe des intérêts des fabricants de sucre et des distillateurs. — Technologie. — Commerce. — Économie politique et sociale. — Agriculture. — Statistique. — Législation et jurisprudence industrielles. — Bibliographie.

L'abonnement part du 1er avril de chaque année, il est pour un an au prix de 12 francs pour la France et la Belgique, 15 francs pour les autres pays et les colonies.

Sommaire du n° 2, 3e année (mai).

Chronique. — L'impôt à la consommation et les prévisions budgétaires. — Les petits tributs de la sucrerie. — Production et consommation des alcools. — L'achat des sucres à l'analyse; de l'utilité de l'adoption d'un mode général de titrage.

Revue des brevets. — Table par ordre alphabétique des matières et par mois des brevets d'invention et certificats d'addition concernant la sucrerie et la distillerie, pris en l'année 1866.

Exposition universelle, etc.

T

1008. Taillard, ingénieur. — Les **Fahrkunst** dans les mines. In-8, 45 p. Paris, imp. Chaix et Cie.

1009. Thiaucourt, peintre-sculpteur. — L'art de **restaurer les faïences**, porcelaines, biscuits, terres cuites, grès, émaux, laques, verreries, etc.; suivi d'une notice chronologique de toutes les fabriques connues. Avec un avant-propos par M. le baron Ch. Davillier. In-8, 64 p. Paris, imp. Jouaust. 2 fr.

1010. * Tronquoy (Camille). — *Voy.* Pernot.

V

1011. Verdet. — Œuvres. Cours de **Physique** professé à l'École polytechnique, par E. Verdet. Publié par M. Émile Fernet, répétiteur à l'École polytechnique. T. I. In-8, 469 p. Paris, Imp. impériale.

1012. Ville. — Recherches expérimentales sur la végétation. La maladie des pommes de terre. In-8, 32 p. Paris, imp. Raçon et Cie.

1013. * Vuillemin, Guebhard et Dieudonné. — Chemins de fer. De la résistance des trains et de la puissance des machines, par L. Vuillemin, A. Guebhard, ingénieurs, et C. Dieudonné, inspecteur du matériel des chemins de fer de l'Est. Précédé d'une lettre aux auteurs, par M. E. Flachat, ingénieur. In-8, xii-100 p., 2 tabl. et 8 pl. Paris, imp. Bourdier, Capiomont et Cie. 10 fr.

W

1014. Wolowski, membre de l'Institut. — Le **Travail des enfants** dans les manufactures. In-8, 40 p. Paris, imp. Chaix et Cie.

1015. Wurtz (Ad.), membre de l'Institut. — Leçons élémentaires de **Chimie** moderne, avec figures dans le texte. 2e fascicule. In 18 jésus, 287-574 p. Paris, imp. Raçon et Cie.

Y

1016. Ysabeau. — Le **Jardinier** de tout le monde. Traité complet de toutes les branches de l'horticulture, orné de plus de 100 fig. intercalées dans le texte. In-18 jésus, 540 p. Paris, imp. Bourdier, Capiomont fils et Cie. 4 fr. 50

BIBLIOGRAPHIE ÉTRANGÈRE

LIVRES ALLEMANDS.

Der Electro-Magnetismus, inbesondere als Triebkraft, sowie mehrere neue electro-magnetische Machinen, Wagen und Locomotiven, von Dr F. F. Roloff. Berlin, 1868. 1 vol. in-8, mit 8 afb. — **De l'électro-magnétisme**, et en particulier de son action, et de plusieurs machines électro-magnétiques nouvelles, voitures et locomotives, par le Dr F. F. Roloff. Berlin, 1868. 1 vol. in-8, avec 8 pl.

Compendium der Gasfeuerung in ihrer Anwendung, auf die Hütten-industrie, mit besonderer Berücksichtigung des Regeneration-System, für Fabrikanten, Ingenieure und Hüttenleute; von F. Steinmann, civil Ingenieur in Dresden; mit 9 lithographirten Tafeln und vielen Textfiguren. Freiberg, 1868. — Compendium pour le **Chauffage au gaz** dans ses applications aux fonderies, avec des considérations sur le système régénérateur, à l'usage des fabricants, des ingénieurs et des maîtres de forges, par M. Steinmann, ingénieur civil à Dresde, avec 9 pl. lithographiées et de nombreuses figures dans le texte. Frieberg, 1868.

Technologie des Anilins, Handbuch der fabrication des Anilins und der von ihm derivirten Farben, von M. Reimann, mit sechs in den Text gedruckten Holzschnitten. — **Technologie de l'aniline**, manuel pour la fabrication de l'aniline et des couleurs qui en dérivent, par M. Reimann, avec 6 fig. dans le texte.

Ce manuel dénote chez son auteur beaucoup d'érudition réunie à de grandes connaissances pratiques. C'est jusqu'ici le traité le plus complet que nous connaissions sur l'aniline et ses derivés.

LIVRES ITALIENS.

Irrigazione e bonificazione dei terreni. — Trattato dell' impiego delle acque in agricoltura, di marchese Raffaele Pareto, capo divisione al ministero di agricoltura del regno d'Italia. Due volumi, cioè uno di testo di fogli 102 in-8, e l'altro di 70 tavole in litografia. — **Irrigations et amélioration du sol.** Traité de l'emploi des eaux en agriculture, du marquis Raphaël Pareto, chef de division du ministère de l'agriculture du royaume d'Italie. 2 vol., dont l'un de texte (102 p. in-8.) et l'autre de 70 pl. lithographiées. 25 fr.

Il giovane marino iniziato al **Comando d'un piroscafo**, di F. Colombo. — Le guide du jeune marin appelé au **Commandement d'un bateau à vapeur**, par F. Colombo.

L'arte del construttore, dell ing. Carlo Gabussi. 2 vol. cio è uno di testo di pag. 700 e 20 tabelle, ed uno di 144 tavoli in litografia. — **L'art du constructeur**, par M. Carlo Gabussi, ingénieur. 2 vol. dont l'un de 760 p. de texte et de 20 tableaux, l'autre de 144 pl. lithogr. 50 fr.

Saggio di un corso di **Fisica elementare**, Luvini, professore di fisica proposto alle scuole italiane da Giovanni nella regia militare accademia di Torino ; quarta edizione del **Compendio di Fisica** dello stesso autore, trasformata ed esposta secondo i nuovi principii della scienza. Torino, 1868. — **Cours de physique élémentaire** pour les écoles italiennes, de G. Luvini, professeur de physique à l'académie royale de Turin. Turin, 1868, vol. de VII-744 pages, avec 383 figures dans le texte.

Le *Cours de physique* de M. Luvini n'est pas un traité de physique routinière telle qu'on l'enseigne communément, mais il est emprunté à la science moderne. Dans les huit premiers chapitres, nous avons remarqué plusieurs vues nouvelles sur l'état moleculaire des corps ; les phénomènes capillaires surtout sont traités d'une manière tout à fait différente de celle que l'on rencontre ordinairement dans les traites de physique.

La thermo-dynamique, science nouvelle et riche d'importantes applications, occupe une assez large place dans le livre de M. Luvini.

Nous rappellerons que M. Luvini est auteur d'une Table de logarithmes à sept décimales, qui, publiée originairement en italien, a été réimprimée en France et en Angleterre, et qui obtient un succès qu'explique le soin rigoureux avec lequel tous les chiffres qu'elle renferme ont été vérifiés.

LIVRES AMÉRICAINS.

Five hundred and seven mechanical movements embracing all those which are most important in dynamics, hydrostatics, pneumatics, steam engines, mill and other gearing, presses, horology, and miscellaneous machinery ; and including many movements never before published and several which have only recently come into use, by Henry T. Brown, editor of the *American Artisan*. New-York, 1868. — **Cinq cent sept mouvements mécaniques** embrassant tous ceux qui sont les plus importants en dynamique, en hydrostatique, en pneumatique, dans les machines à vapeur, etc., etc ; renfermant un grand nombre de mouvements qui n'ont pas été décrits jusqu'ici, et plusieurs dont l'emploi est tout à fait récent, par Henry Brown. Petit in-4°. Prix. 20 fr.

Nous avons parcouru avec un grand intérêt ce livre jusqu'ici inconnu en France. Il renferme des renseignements dont tous les ingénieurs et tous les mécaniciens comprendront l'importance.

CHRONIQUE

Depuis le commencement de l'année, plusieurs questions touchant aux intérêts du commerce de la librairie ont été agitées dans les sphères officielles. Le cadre de notre modeste publication ne nous permettant pas la discussion, nous devons nous borner à l'enregistrement des faits.

A propos du projet concernant la presse, le gouvernement avait proposé de décréter la liberté : 1° de l'imprimerie ; 2° de la librairie.

Pour des motifs qu'il ne nous appartient pas d'examiner, il a été décidé qu'une enquête aurait lieu en ce qui concerne la liberté de l'imprimerie, c'est-à-dire que la solution de la question a été renvoyée aux calendes grecques, et en même temps — sans que nous sachions pourquoi — rien n'a été dit, rien n'a été fait par rapport à la liberté de la librairie.

Il faut donc supposer que pour le moment la législation de la librairie ne laisse rien à désirer et qu'elle protége efficacement tous les intérêts légitimes. C'est ainsi, par exemple, que, dans la discussion relative au colportage, on a eu soin de rappeler que nul libraire n'avait le droit d'avoir deux boutiques dans la même ville. C'est une mesure protectrice pour les intérêts du commerce de la librairie en général, on le dit, on l'affirme : nous croyons le contraire, mais enfin, puisque nous n'avons pas le droit de discuter, admettons provisoirement que l'on soit dans le vrai. Mais alors pourquoi la législation ou la réglementation en vigueur n'est-elle pas observée ? S'il est défendu à M. X, à M. Y, à M. Z, d'avoir deux boutiques, pourquoi tel autre libraire peut-il en avoir autant qu'il y a de gares de chemins de fer en France ? Pourquoi peut-il, dans tout l'Empire, placer sous les yeux des voyageurs les livres, les journaux qui lui conviennent, et soustraire à leurs regards les livres, les journaux qui ne lui conviennent pas ou plutôt ceux dont les auteurs ou les éditeurs n'ont pas consenti à lui payer une forte redevance, — la dîme du seigneur[1] au beau temps de la féodalité ?

Pendant la discussion quelques plaintes ont été formulées sur l'abaissement du niveau intellectuel. Qui faut-il accuser? Sont-ce les grands écrivains qui font défaut au public, ou est-ce le public qui manque aux auteurs sérieux? La question est fort grave : mais nous voyons se succéder les éditions des mémoires de certaines petites dames qui font l'ornement de Mabille ou d'autres temples dédiés à Terpsichore, comme on disait sous le premier Empire, tandis que des ouvrages consacrés à l'examen de questions vitales pour le commerce ou l'industrie du pays, trouvent à peine quelques centaines de lecteurs. Le public, le grand public ne veut pas s'instruire, il veut s'amuser ; l'ennui le dévore ; il lui faut, pour secouer sa torpeur, de la littérature de haut goût, des histoires graveleuses,

[1] Louis XIV avait dit : *L'État, c'est moi.* En l'an de grâce 1868, le libraire qui exploite le monopole de la vente des livres dans les gares, s'il ne dit pas : les gares de chemins de fer m'appartiennent, agit au moins comme si elles étaient sa propriété. Voici un fait que j'atteste. Le 30 juillet 1868, à 10 heures du matin, je me rends au chemin de fer de l'Est pour prendre le train de 10 heures. Je vois tous les voyageurs debout par une excellente raison, parce qu'il leur était matériellement impossible de s'asseoir, le représentant de la maison Hachette ayant trouvé bon d'accaparer tous les bancs pour y étaler ses livres, afin d'en faire l'inventaire. Ce n'était plus une gare, c'était une boutique de librairie que les voyageurs avaient sous les yeux, et c'est debout qu'ils ont dû attendre l'heure de la délivrance des billets. Il est vrai qu'ils auront pu ensuite se reposer dans les salles d'attente, à moins que les commis de la même librairie, installés dans les salles, n'aient eu également à faire le même travail que leur collègue de la salle de distribution des billets. E. L.

des récits où la dépravation des pensées n'est dépassée que par l'horreur des situations inventées pour dramatiser le sujet qui sert de cadre à l'auteur. Ne voyons-nous pas les journaux les plus sérieux obligés de sacrifier au goût du jour en publiant des feuilletons dont certes aucune mère ne permettrait la lecture à sa fille, et d'autres feuilles, après avoir exploré toutes les sentines du vice moderne, condamnées à fouiller les arcanes de la justice pour en exhumer un de ces drames horribles qui ont la triste propriété de galvaniser les imaginations blasées, et qui peuvent très-bien servir de guide aux jeunes filous jaloux d'entrer dans la carrière du crime?

Présentez à ce public les Pensées d'un Pascal, les Méditations d'un Lamartine, l'Encyclopédie d'un Diderot, publiez un nouveau Panthéon littéraire, et de ce public sortiront des voix pour demander si le second numéro des *Punaises dans le beurre* a paru (nous avons vu un journal portant ce titre immonde), ou si Turlurette n'a pas ajouté un nouveau chapitre à ses *Bamboches?*

Certes, il ne faut pas envelopper dans le même arrêt la génération actuelle tout entière, et il existe encore des hommes qui aiment le Beau et l'Utile en littérature, mais ces hommes, — la statistique des livres publiés et le tirage des livres et des journaux le prouvent, — ces hommes sont des exceptions, ou plutôt ils forment une petite minorité du grand public.

Puis la cause devient effet et l'effet se transforme en cause. Si le public lit peu les livres de saine littérature ou de littérature industrielle, les éditeurs sont forcés de se borner à des tirages restreints et, par là même, de fixer pour chaque exemplaire un prix de beaucoup supérieur à celui d'un livre de même format auquel le goût du jour assure un débit considérable. Le bon livre paraît donc cher, l'ouvrage immoral ou insignifiant sera bon marché, et la différence de prix sera pour le grand public dont nous avons parlé un nouveau motif pour acheter l'œuvre malsaine de préférence à l'ouvrage honnête.

En modifiant une pensée célèbre nous dirons, et ce sera notre conclusion, que le public a toujours les livres dont il est digne : que le public veuille sérieusement de bons livres, les bons auteurs ne lui feront pas défaut.

La Société royale de Londres vient de publier le premier volume du *Catalogue of Scientific papers* qu'elle avait fait rédiger pour son propre usage, et qui est un inventaire par ordre alphabétique d'auteurs de toutes les monographies, mémoires, articles, insérés de 1800 à 1863, sur des matières scientifiques, dans les divers recueils d'Europe et d'Amérique, recueils dont la simple nomenclature occupe dans le présent volume 66 pages in-4 sur les mille et quelques qu'il contient. L'encombrement de ces communications est devenu tel, qu'il était grandement temps que les savants pussent enfin, au moyen de ce précieux ouvrage, un peu s'y reconnaître. Le premier volume va de A à CLU.

La Société royale d'Angleterre a aussi commencé la publication d'une nomenclature de livres concernant les sciences et les arts, publiés depuis deux siècles en Angleterre. Cette nomenclature est très-volumineuse. Nous ferons remarquer que, par la publication de sa *Bibliographie des Ingénieurs, des Architectes*, etc., M. Eug. Lacroix a fait la même chose pour la France : il n'y a qu'une différence, importante il est vrai : c'est que la publication anglaise est due à une Société puissante par les ressources dont elle dispose, tandis que la *Bibliographie Lacroix* est l'œuvre d'un simple particulier qui l'édite à ses frais et qui, n'ayant à l'origine trouvé pour tout encouragement que *onze* souscripteurs, n'en a pas moins continué ce recueil qui aujourd'hui commence à être justement apprécié.

AUG. JEUNESSE.

RENSEIGNEMENTS UTILES

PRIX COURANT DES INSTRUMENTS DE MATHÉMATIQUES ET DE GÉODÉSIE.

POCHETTES 1er CHOIX AVEC 2 COMPAS A POMPE.	cuivre	melchior
Pochette à pompe, 2 compas........	50 fr.	56 fr.
Id. id. 1 id.........	38 »	50 »
Id. simple. id.........	36 »	47 »
Id. demi fine, id.........	30 »	35 »
Id. simple cuivre, id.........	28 »	» »
Pochettes depuis 16 50.		» »
Compas de poche, de réduction simple.	18 »	20 »
Id. id. avec engrenage.	12 »	18 »
Id. 0m,18 de long......	20 »	24
Charnière en cuivre, la pièce.......	8 »	» »
Compas de 0m,18, avec charnière acier, la pièce...........	12 »	» »
— à balustre, avec pièce de rechange...............	18 »	» »
— à ressort 1er choix........	7 »	8 »
— à pompe................	9 »	10 »
— à verges, boîte et règles...	17 50	20 »
— à pointe sèche, acier......	4 50	5 50
— id. id. cuivre.....	3 50	» »

Fils à plomb de tous nos. Prix de 2 fr. 50 à 5 fr. 50.

	Emboîtés	Encadrée
Planches à dessins. Grand aigle....	13 50	16 »
— 1/2 grand aigle.	6 50	8 »
— raisin.........	5 50	7 »
— 1/4 grand aigle.	3 50	4 50
— 1/8 grand aigle.	2 50	4 »
Tréteaux à coulisses, chêne poli, la paire.	22 »	» »

T	EN 1er CHOIX		A FILETS CUIVRE	
	simples	à boulon	simples	à boulon
Grand aigle, la pièce...	4 »	6 »	6 75	8 2
1/2 grand aigle.........	2 50	4 50	4 50	6
Raisin.................	2 25	4 50	4 »	5 55
1/4 grand aigle.........	2 »	4 »	4 »	5 0
1/8 grand aigle.........	1 75	3 50	3 25	4 00

RÈGLES A CALCUL, RÈGLES A DESSINS.	1er choix	à 3 filets cuivre
	FR. C.	FR. C.
De 0m,50 de longueur............	» 75	2 »
0 60 do................	1 »	2 25
0 70 do................	1 »	2 80
0 75 do................	1 20	3 »
0 80 do................	1 50	3 25
0 90 do................	1 75	3 75
1 » do................	2 »	4 »
1 10 do................	2 25	4 25
1 25 do................	2 50	5 25
1 50 do................	3 25	6 25
2 » do................	5 25	8 75

ÉQUERRES ALLONGÉES.	4e choix	avec filet
De 0m,16 de longueur, la pièce...	» 40	» 80
0 19 — do......	» 50	1 10
0 22 — do......	» 50	1 40
0 23 — do......	» 60	1 60
0 27 — do......	» 70	1 70
0 30 — do......	» 90	2 »
0 35 — do......	1 »	2 25
0 38 — do......	1 20	2 50
0 40 — do......	1 35	2 75
0 45 — do......	1 50	3 »
0 50 — do......	1 70	3 80
0 55 — do......	1 90	3 25
0 60 — do......	2 10	4 »
ÉQUERRES A 45°		
De 0m,08 de longueur, la pièce...	» 35	» 80
0 09 — do......	» 35	» 90
0 10 — do......	» 40	1 10
0 12 — do......	» 50	1 40
0 13 — do......	» 60	1 50
0 15 — do......	» 70	1 70
0 17 — do......	» 90	2 »
0 19 — do......	1 »	2 25
0 20 — do......	1 10	2 50
0 21 — do......	1 20	2 75
0 24 — do......	1 40	3 »
0 25 — do......	1 60	3 »
0 27 — do......	2 »	3 25
0 30 — do......	2 »	3 50

	FR. C.
Niveau à plateau à lunette de 0m,33, boîte en noyer, pied à 6 branches (no 1)..........	130 »
Niveau à lunette monté sur genoux avec vis à caler à lunette de 0m,33, boîte en noyer, pied chêne, à 3 branches (no 2).........	110 »
Niveau genou à lunette, sans vis à caler (no 3)	100 »
Niveau d'eau à genou cuivre, se démontant en 3 parties. Gros modèle..............	45 »
Petites fioles..........................	40 »
Niveau fer-blanc, genou cuivre..........	18 »
do do avec douilles..........	8 »
Déclinatoire en cuivre, de 30 à 35 fr.	
do monté sur bois, de 18 à 20 fr.	
Doubles décimètres buis..................	1 20
do do ivoire.................	4 75
Mètres pliants ivoire.....................	4 25
do do buis......................	1 20
Mètre droit ferré des 2 bouts............	2 40
Double mètre droit.........................	4 50
Double mètre à charnière...................	6 »
Roulette de 10 mètres......................	4 »
do 20 mètres	9 »
do métallique de 10 mètres...........	9 »
do do de 20 mètres...........	16 »
Boîtes couleurs en tôle garnie de 12 tablettes.	» »
do do 18 pastilles................	» »
do do 12 do................	» »

Nous avons reçu trop tard pour le publier dans le corps de la *Bibliographie*, le sommaire de la 33e et de la 34e livraison de l'*Album encyclopédique des chemins de fer*, publié par MM. Broise et Thieffry.

Voici le sommaire de ces deux livraisons :

33e Livraison.

385-386. Locomotive à marchandises. Coupes et Plan. (Cie Belge.)
387. Tender avec frein Stilmant. (Ouest.)
388-389. Rotonde pour 24 machines, avec annexes. (Lyon.)
390-391. Treuil roulant à tambour, pour grue de 10 tonnes. Ensemble. (Lyon.)
392. Traversées et croisements en rails Vignole de 37k. Ensemble. (Nord.)
393-394. Bâtiment pour machine de 12mc. Tuyauterie. (Lyon.)
395-396. Pompe à bras de 65m/m de diamètre-210m/m de course. (Ouest.)

34e Livraison.

397-398. Machine Express. Ensemble, vues, coupes et plan. (Lyon.)
399-400. Voiture à 2 étages (grand modèle). Bournique et Vidard. Élévation et coupe. (Ceinture.)
401-402. Treuil roulant à tambour pour grue de 10 tonnes. (Detail.) (Lyon.)
403-404. Voiture à 2 étages (grand modèle). Bournique et Vidard (châssis surbaissé en fer). (Ceinture.)
405-406. Boîte à huile avec filtre. (Est et Ceinture.)
407-408. Plaque tournante de 12m de diamètre. Détail de la charpente. (Lyon.)

DEMANDES ET OFFRES

Il est parfois très-difficile de se procurer certains ouvrages, soit que leur publication remonte à un assez grand nombre d'années, soit que le chiffre du tirage ait été fort limité, soit enfin que ces ouvrages n'aient pas été mis dans le commerce, — comme cela arrive pour certains livres imprimés par ordre du gouvernement, qu'on ne peut obtenir lorsqu'on les demande, et que l'on ne trouve plus que très-tard chez les bouquinistes, et alors qu'ils ne présentent plus qu'un intérêt rétrospectif.

D'un autre côté, quelques personnes éprouvent parfois le désir de se défaire de certains livres parce qu'elles les possèdent en double, ou parce qu'elles destinent à l'achat d'autres ouvrages le prix qui leur en serait donné.

Nous pensons donc faire une chose utile en insérant dans la chronique de notre Bibliographie les *Demandes* et les *Offres* que nos clients nous auront adressées.

DEMANDES.

VIOLET-LE-DUC. — **Dictionnaire raisonné de l'architecture française du XIe au XVIe siècle.**

LÉTAROUILLY. — **Édifices de Rome moderne**, ou Recueil de maisons, palais, églises, couvents et autres monuments publics et particuliers les plus remarquables de la ville de Rome.

GAILHABAUD. — **Architecture du Ve au XVIIe siècle.** 4 vol. grand in-4°, contenant 400 planches gravées sur acier ou chromolithographiées, et des notices descriptives et archéologiques.

SMITH (David). — **Guide pratique du teinturier**, contenant les recettes pratiques pour la teinture des diverses étoffes, avec échantillons, suivi d'un traité de teinture au foulard, traduit de l'anglais par A. S. F.

PONSON. — **Traité de l'exploitation des mines de houille**, ou Exposition comparative des méthodes employées en France, en Belgique, en Allemagne, en Angleterre, pour l'extraction des minéraux combustibles. 4 vol. gr. in-8 et atlas in-folio de 80 planches.

Annales du Génie civil. Année 1862.

OFFRES.

PALLADIO. — **Œuvres complètes.** Nouvelle édition, contenant les quatre livres avec les planches du grand ouvrage d'Octave Scamozzi, et le Traité des Thermes, le tout rectifié et complété d'après les notes et documents fournis par les premiers architectes de l'École française, par Chapuy, ex-officier de génie maritime, et Amédée Beugnot, architecte de Paris. Paris, 1825 à 1831, in-folio. 200 fr. offert à 150 fr.

COMBES (Ch.). — **Traité de l'exploitation des mines.** 3 vol. in-8 d'ensemble 2014 pages, et atlas in-4° de 66 pl. in-folio oblong. 1824 à 27. Rare, offert à 125 fr.

DUVINAGE. — **L'Architecture rurale,** 1 vol. grand in-8 de 28 feuilles de texte ou 452 pag., avec 76 pl, Mézières, 1857. Rare, offert à 40 fr.

GUETTIER. — **De la fonderie** telle qu'elle existe aujourd'hui en France, et de ses nombreuses applications à l'industrie. In-4° de 41 feuilles 1/2 et planches. 2e édition, 1858. Très-rare, offert à 40 fr.

BASTENAIRE D'AUDENART (F.). — **L'art de fabriquer la porcelaine**, suivi d'un vocabulaire des mots techniques, et d'un traité de peinture et dorure sur porcelaine. 2 vol. in-12, avec planches. Très-rare, offert à 20 fr.

CHRISTIAN. — **Traité de mécanique industrielle**, ou Exposé de la science de la mécanique déduite de l'expérience et de l'observation, à l'usage des manufacturiers et des artistes. 3 vol. in-4° et atlas de 60 pl. doubl. Paris, 1822. 75 fr. offert à 65 fr.

DUBUAT. — **Principes d'hydraulique et de pyrodynamique** vérifiés par un grand nombre d'expériences faites par ordre du gouvernement. 3 vol. in-8. Rare, offert à 30 fr.

BORDE. — **Tables de surfaces** pour les calculs de déblais et de remblais de chemins de fer, routes et canaux, suivies d'autres tables pour le tracé des courbes sur le terrain. 3 vol. in-8. Paris, 1856. Très-rare, offert à 45 fr.

MORIZOT. — **Vérificateur, comptabilité du bâtiment.** 7 vol. in-8. Offert à 140 fr.

Corbeil, typ. et stér. de Crété.

Imprimerie et Librairie de E. Lacroix, 54, rue des Saints-Pères

www.ingramcontent.com/pod-product-compliance
Ingram Content Group UK Ltd.
Pitfield, Milton Keynes, MK11 3LW, UK
UKHW020923180726
13838UKWH00002B/724